쇼호스트 엄마와 쌍둥이 자매의

브랜드 인문학

쇼호스트 엄마와 쌍둥이 자매의

브랜드 인문학

특별한서재

차례

작가의 말_ '무엇을' 살 것인가와 '어떻게' 살 것인가 • 007

1장 샤넬을 못 사면 샤땡이라도
· ·

돈값을 하는 이름 • 012

뇌에 작용하는 브랜드의 발톱 • 019

가격이 가치를 결정하는 건 아니잖아? • 023

명품의 명백한 품격 • 038

명품을 갖는다고 내가 명품이 되지는 않아 • 044

2장 MZ세대와 브랜드
· ·

브랜드 시장의 무서운 아이들 • 064

우리들의 난치병 • 068

브랜드는 아이덴티티(identity)이다? • 072

가성비 vs 가심비 • 079

3장 **브랜드, 사치의 시대에서 가치의 시대로**

착한 소비 • 101

세상을 구하는 브랜드 • 108

비싸도 잘 팔려요, 폐기물의 반전 업사이클링 • 118

하룻강아지들의 혁명과 꼰대들의 항복 • 132

영원한 꽃밭은 없다 • 147

4장 **나도 브랜드가 될 수 있어**

퍼스널 브랜딩이란 • 163

숨은 재능 찾기 • 168

'부캐' 전성시대, 잘하는 것 vs 좋아하는 것 • 177

유튜버 트윈스 • 183

사진 및 자료 출처 • 198

'무엇을' 살 것인가와
'어떻게' 살 것인가

　세상에는 물건들이 너무나도 많다. 그 많은 물건들은 저마다 어김없이 브랜드 라벨들을 하나씩 붙이고 있다. 그런데도 해마다 새로운 브랜드들이 도전장을 던진다. 그래도 좀 알려진, 그래서 믿을 만한 브랜드인가 아닌가를 먼저 따졌던 내 눈에 새 브랜드들의 도전장은 꿈과 낭만에 가득 찬 하룻강아지의 패기처럼 보였다. 못 보던 물건이 보이면 흥미롭게 살피기는 했으나 결국 진열대에서 내가 골라잡는 물건들은 이름만 대면 알 만한 '메이커' 제품들이었다. 들도 보도 못한 브랜드 제품을 '그냥 한번' 사볼 수는 없지 않은가.

그런데 언제부턴가 이 '하룻강아지' 같은 브랜드들의 목소리가 신경 쓰이기 시작했다. 제대로 된 브랜드에는 저마다의 아이덴티티가 있어야 한다. 이 신생 브랜드들은 내세울 게 없는 '역사와 전통' 대신 저들이 이 세상에 태어나는 목적을 단호하고 명확한 어조로 외치고 있었다. 최고급, 럭셔리, 소수의 선택, 장인 정신 같은 말들보다 환경, 상생, 건강, 평등처럼 고도 자본주의와 별로 어울리지 않는 말들이 시끄럽게 귓속을 파고들었다.

이것은 내가 지구라는 내 삶의 터전에 관심을 갖게 되었던 순간과 궤적을 같이한다. 그리고 그 이후로 슈퍼마켓에 장을 보러 가면 브랜드 이름 대신 그 밑에 작은 글씨로 쓰인 브랜드에 대한 카피와 보통 물건의 뒷면에 프린트되어 있는 제품의 '가치'에 대한 짤막한 설명을 읽게 되었다. 약간의 과장을 보태어서 '무엇을 살 것인가'가 '어떻게 살 것인가'라는 고민으로 확장된 것이다.

수많은 브랜드들의 '복마전' 속에 새로운 브랜드들이 출사표를 던지는 것처럼 수많은 책들의 '복마전' 속에 굳이 이 한 권의 책을 더하려고 마음을 먹게 된 것은, 우리가 매일 숨을 쉬고 밥을 먹는 것처럼 빠트리지 않고 하는 일 중의 하나인 무언가를 '사는' 일을 다시 한번 생각해보자고 하기 위해서다. 산다는 건 '산다'는 것이다. 사지 않고 살 수는 없다.

어떤 브랜드의 물건을 사용하느냐가 '나'를 드러내는 건 변함이 없으나 물건의 가격표가 그 주인의 품격의 완성도와 라이프스타일의 등급을 대변해주는 시대는 이미 (적어도 나에게는) 지나갔다. 팬데믹 이후의 세상에 브랜드는 다시 정의되어야 한다. 단지 물건의 생산자를 구별하기 위한 표식의 범주를 넘고 경제의 경계를 넘어 우리의 삶과 가치관의 표식에 근접하고 있기 때문이다.

새로운 세대는 '더 좋은 품질의 물건'을 찾기 위해 브랜드를 고르는 것이 아니라 '내가 추구하는 가치에 더 가까운 물건'을 찾기 위해 브랜드를 고른다. 옛날처럼 그저 세간의 평판이나 화려한 광고에 휩쓸려가기에는 브랜드의 세계가 너무 복잡해졌다. 제대로 된 선택을 하려면 짚어봐야 할 것들이 많다. 그러니 미래에 진화하는 브랜드들에 휘둘리지 않고 영리하고 심지 굳은 소비자가 될 청소년들을 위해 이 한 권의 책이 조금이라도 길잡이의 역할을 해내었으면 한다. 그래서 독자들이 브랜드를 보는 '눈'을 기르고 브랜드가 '나'에게 갖는 진정한 의미를 고민하는 계기를 만들어줄 수 있다면 또 한 권의 새로운 책을 세상에 내어놓는 나에게 더없는 '생산의 이유'가 될 것이다.

2022년 3월
김미나

1장

샤넬을 못 사면
샤땡이라도

돈값을 하는 이름

불과 5분 차이라고 했다. 그 5분에 어떻게 인생이 이렇게 갈린 단 말인가.

"언니 말 좀 들어! 넌 애가 어째 초등학생 때나 지금이나 요만 큼도 변한 게 없냐?"

현서가 또 '언니'라는 말에 일부러 또박또박 힘을 준다. 뻔히 은 서의 속이 뒤집히는 줄 알면서 일부러 그러는 거다. 현서의 입에 서 '언니 말 좀……'까지 나왔을 때 이미 잔뜩 찌푸린 은서의 눈꼬 리가 샐쭉하니 길어졌다. 5분 갖고 유세 떨기는. 언니는 무슨 얼 어 죽을.

"아, 진짜, 나 지금 벽이랑 얘기해? 이번 엄마 생일에는 뭔가 좀 특별한 걸 준비해보자는 데 이미 동의했잖아. 왜 지금 와서 딴소리야?"

은서가 뾰족해진 목소리로 대꾸를 했다.

"내가 언제 딴소리를 했다고 그래? 특별한 거 좋다 이거야. 그런데 왜 그 특별한 게 너한테는 죄다 비싸야 하는 거냐고! 너 한국어가 안 되니? 그거랑 그게 어떻게 동의어야!"

현서도 지지 않고 목소리를 높였다.

잔머리 한 올 튀어나올세라 꼼꼼하게 뒤로 빗어 넘겨서 야무지게 하나로 묶은 머리에 얇은 검은색 테의 안경을 쓴 현서와 팔꿈치까지 내려오는 길고 반들거리는 생머리에 유난히 도드라지게 두툼한 머리띠를 하고 틴트를 발라 볼도 입술도 불그스름한 은서는 얼굴만 비슷하지 한눈에 봐도 취향 차이가 N극과 S극만큼 겹치는 데가 없다. 그래서 스스로 옷을 입기 시작한 이래로 남들이 쌍둥이를 구분해내지 못한 적은 한 번도 없었다. 오히려 쌍둥이라고 하면 다들 놀라워하곤 했다.

홉뜬 눈으로 대치 정국을 벌인 지가 벌써 30분째다. 열흘 앞으로 다가온 엄마의 생일 선물로 무엇을 살지 아직도 결정을 못하고 있었다. 엄마의 승진 축하까지 겸해서 뭔가 특별하고 의미 있는 것으로 하자는 데까지는 순조롭게 의견 일치를 보았다. 그런데 역시나 '무엇을 살 것인가'에서 도무지 화합의 길을 찾지 못하고 톰과 제리처럼 뱅글뱅글 제자리만 맴돌고 있다.

"한국어가 안 되냐니, 말을 막 던지시네. 누가 비싸야만 한댔어? 특별한 선물을 하자고 결정을 했으니까 가격이 좀 나가는 것 중에서 골라보자는 거잖아. 너도나도 다 살 수 있는 거면 그게 특별한 거겠니?"

"얘가 진짜 이렇게 개념이 없어, 개념이. 야, 중학생이 무슨 돈이 있어서 그렇게 비싼 걸 사? 말이 돼? 엄마에게 특별한 의미가 될 만한 것으로 분수에 맞게 고르면 되는 거잖아. 내 말이 틀려?"

팔짱을 낀 채로 현서의 말을 듣던 은서는 답답하다는 듯 한숨을 푹 내쉬었다.

"너랑 나랑 그동안 모은 용돈 다 합치면 살 수 있어. 그 선에 맞춰서 골라보자고! 뭐가 문제야?"

"야! 그걸 어떻게 다 한 방에 털어 넣어! 게다가 네가 골라온 거 보면 꼭 필요한 거나 평소에 쓸모가 있는 건 하나도 없잖아! 브로치, 팔찌, 가방에 다는 장식용 참…… 나아 참, 제정신이야?"

제정신이냐고? 이 정도면 막 나가자는 거다. 은서의 심장 속에서 부싯돌 두 개가 파박 하고 불꽃을 일으키더니 목구멍 너머로 더운 기운이 훅 솟구쳐 올라왔다.

"그러는 너야말로 아주 기가 막힌 것들로 골라 왔더라? 재활용 천으로 만든 가방, 듣도 보도 못한 사회적 기업인가 뭔가에서 만든 스카프, 텀블러…… 그리고 뭐, 머그컵 세트? 야, 리스트만 봐도 촌티 작렬, 빈티 작렬. 이런 건 그냥 필요할 때 내 돈 주고 사는 거지, 굳이 특별한 날 특별한 의미를 담은 선물이라고 하기엔 너무 후지지 않니? 너 우리 엄마 직업이 뭔지는 알고나 이런 리스트를 들이미는 거야? 완판의 여왕 쇼호스트 노이서 여사라고, 노이서! 쌍둥이 딸내미가 승진 겸 생일 축하 선물로 특별하게 쏜 거라고 어디 가서 어깨에 힘 좀 줄 만한 걸로 고르면 좀 안 되겠냐? 넌 엄마가 쇼호스트인데 어쩜 그렇게 센스라고는 없나?"

"어쭈, 학교에서는 같은 학년이라고 좀 봐줬더니 아주 대놓고 언니한테 너? 야, 김은서! 너야말로 착각하지 마. 넌 센스가 있는 게 아니라 허세의 노예인 거야. 유명한 브랜드라면 그냥 정신줄을 놓지. 너 반에서 별명이 '패요'라며? 패션 요정? 야, 패션 요정이라서 패요가 아니라 계속 그딴 식으로 살다간 '패배 요정'이라서 패요가 될걸?"

패배 요정이라는 말에 발끈한 표정을 짓던 은서는 갑자기 부엌으로 달려가더니 조미김 봉지를 들고 다시 거실로 돌아왔다. 그러고는 소파 위에 내팽개치듯 던져둔 가방 속에서 색색의 포스트잇까지 꺼내 들고 현서를 똑바로 쏘아보며 카랑카랑한 목소리로 말했다.

"잘 봐. 이건 우리가 맨날 사다 먹는 조미김. 언니 너도 좋아하

는 거지? 그리고 이건 내가 사 와서 언니한테 반 나눠준 포스트
잇. 다른 것들보다 색도 예쁘고 몇 번 떼었다 붙였다 해도 잘 붙
는다고 좋다며? 마트랑 문구점에 가면 조미김이랑 포스트잇 종
류가 얼마나 많은지 알아? 그걸 하나씩 다 먹어보고 써본 다음에
그중 하나를 고를 수는 없잖아. 그런데 왜 하필이면 이 조미김과
포스트잇을 샀을까?"

현서는 눈에서 금방이라도 레이저 광선이 발사될 것 같은 은서
의 얼굴을 쳐다보며 난감한 표정을 지었다.

"그 조미김은 엄마가 고른 거잖아. 좀 비싸긴 하지만 한번 먹어
보자고 하셔서 샀는데 짜지도 않고 고소해서 그때부터 그것만 사
다 먹는 거고. 포스트잇은 네가 골라온 거면서 왜 나한테 물어?"

"척하면 모르겠니? 엄마가 이 조미김을 고른 기준이나 내가 이
포스트잇을 고른 기준이나 마찬가지란 거 말이야. 브랜드를 본
거지. 처음……."

"거기서 잠깐. 내가 그 김이랑 포스트잇을 좋아하는 건 품질이
괜찮아서이지 대기업 브랜드 제품이라서가 아니야. 말은 똑바로
해야지."

불쑥 토를 달며 끼어든 현서를 향해 은서가 흥, 하고 콧방귀를
날렸다.

"처음 물건을 보고 고를 때에는 품질에 대한 기대를 품고 고르

는 거지, 정말로 품질이 어떤지는 구입을 하고 나서 아는 거잖아. 어우, 어떤 때 보면 답답이도 이런 답답이가 없어. 소비자 입장에서는 대기업에서 브랜드 이미지를 걸고 좋은 재료들로 만들었다는 조미김이나 집, 사무실, 학교 같은 데서 쓰이는 6만 가지가 넘는 물건들을 무려 120년 동안 만들어 온 회사의 제품을 신뢰할 수밖에 없지. 잘 모르고 쓰더라도 품질이 기본 이상은 될 거라는 믿음이 생기니까. 그게 브랜드라는 거야."

현서

일단은, 인정. 대기업 브랜드의 제품이 아니었으면 엄마가 그 많은 조미김 중에서 굳이 그걸 고르시지는 않으셨겠지. 네가 브랜드 먼저 보는 거야 뭐 하루 이틀 일도 아니고 새삼스러울 게 없으니까 패스. 셀 수도 없이 많은 제품 중에 어떤 걸 살 것인가를 정하는 데 결정적 역할을 하는 것이 브랜드라는 데는 나도 동의해. 그렇지만 그게 과연 합리적인 판단의 기준이냐 말이야.

우리나라 사람들이 1년에 소비하는 계란이 1인당 평균 220여 개래. 장을 볼 때마다 장바구니에 꼭 들어 있는 제품이란 얘기지.

마트에 가보면 계란 종류가 얼마나 많은지 눈이 뱅글뱅글 돌 지경이야. 동물복지 유정란, 무항생제 계란, 어린 닭이 낳은 계란, 목초 먹인 계란, 유황 먹인 계란, 지리산 산골 계란…… 구체적으로 뭐가 어떻게 다른 건지 이름만 읽어서는 도무지 알 수가 없는 데다 가격도 천차만별이야. 게다가 이 계란이나 저 계란이나 똑같이 생겨서 얼마나 신선한 계란인지 맛이 얼마나 좋은지도 눈으로 봐서는 결코 알 수가 없어.

대한양계협회에서 발표한 계란의 시세를 보면 10개짜리 특란의 산지 가격이 약 1,500원 정도라고 해. 개인 유통업자 브랜드의 제품은 마트에서 파는 대기업 브랜드의 계란보다 1,000원에서 2,000원 정도 저렴한 게 보통이야. 그러면 소비자들은 어떤 계란에 손이 먼저 갈까? 솔직히 말해서 대부분의 사람이 대기업 브랜드 제품을 고르기가 쉽겠지. 우리가 거의 매일 먹다시피 하는 음식인 데다 가격 차이가 부담스러운 것도 아니니 처음 보는 브랜드보다는 돈을 조금 더 주더라도 '믿을 만한' 대기업 제품을 사는 게 좀 더 안심이 될 테니까 말이야. 그런데 과연 대기업 브랜드 제품과 저렴한 무명 브랜드 제품의 품질에 그렇게 큰 차이가 있는 걸까?

전국에서 계란을 생산하는 농장 수는 약 1,200군데 정도 되는데, 대기업이나 개인 유통업자나 이 농장들에서 산지 가격으로 계란을 사는 건 마찬가지래. 그렇지만 대기업의 유통 과정은 개인 사업자보다 훨씬 더 복잡하지. 계란에 그럴싸한 이름과 대기업 브랜드를 붙이고 포장하는 가공비와 단계별 물류비가 최종 소비자 가격에 영향을 미칠 수밖에 없어. 그래서 대기업 계란이 개당 200원 정도 더 비싸지는 거야. 한 개인 유통업자가 대기업에 계란을 공급하는 농장에서 똑같은 계란을 사서 자체 브랜드를 만든 적이 있었대. 그리고 유통 과정에 들어가는 비용을 최대한으로 줄여서 그 계란을 마트에 50%나 싼 가격에 내놓았다지. 그런데 그걸 사 가는 사람이 아무도 없었다는 거야.

대기업 브랜드 제품이 '믿을 만'해서 비싸도 사는 거라고? 비싼건 비싼 만큼 '돈값'을 한다고? 천만의 말씀! 그 '돈값'은 품질을 보증하는 '돈값'이라기보다는 이중 삼중으로 얽힌 유통비와 광고비, 마케팅비처럼 기업이 부담하는 돈을 일반 소비자들이 쪼개서 내고 있는 거야.

뇌에 작용하는 브랜드의 발톱

"동네방네 똑똑하다고 소문이 나면 뭘 하나. 브랜드의 '돈값'을 그렇게 가격표에 적힌 숫자의 내역서 하나로 퉁치는 건 너무 단순한 판단이라는 생각이 들지 않아? 유명 브랜드 로고에 대한 사람들의 신뢰를 그저 '거품'이나 한심한 허상으로 보는 건 브랜드를 너~무 모르고 하시는 말씀이지!"

은서가 한심하다는 듯 혀까지 끌끌 찼다. 말씨름의 내공이 벌써 16년째인 쌍둥이다 보니 서로 약 올리는 말이야 사전으로 만들 수도 있을 정도로 훤하다.

"나이키, 하면 뭐가 떠올라? 스우시swoosh라고 불리는 그 로고! 승리의 여신의 날개를 형상화했다는 그 로고가 단박에 떠오르지? 그 유명한 슬로건은 또 어떻고? '유 캔 두 잇!You can do it!' 울 수학쌤 단골 멘트잖아. 애들이 수학 문제가 너무 어렵다고 난리 칠 때마다 '유 캔 두 잇'! 빨간 줄무늬의 노란색 옷을 입은 광대랑 맥모닝, 하면? 말해 뭐 해, 맥도날드지. 버버리Burberry는 또 어떻고? 원래는 영국의 패션 브랜드 이름인데 이 회사의 히트 상품인 트렌치코트trench coat가 너무 유명해서 한국에서는 한동안 트렌치코트를 아예 '버버리'라고 불렀다지. 과연 브랜드가 뭐길래 말이야."

은서

　원래 브랜드의 어원은 '태운다burn'라는 뜻을 지닌 고대 노르웨이어 'brandr'에서 유래되었다고 해. 가축의 소유주가 자신의 가축에 불에 달군 인두로 낙인을 찍어서 소유주를 명시한 것에서부터 나온 거야. 고대 이집트에서 벽돌에 제조자의 이름을 표시해서 품질을 보증하거나 영국의 위스키 제조업자들이 나무통에 화인을 찍었던 것과 비슷한 예지. 우리나라에서도 예로부터 장인들이 자신이 만든 도자기나 기와에 표식을 남기거나 글자를 새겨 넣곤 했잖아. 그렇지만 이런 것들은 단순히 제품의 소유나 출처를 밝히는 수준이고 현대적 관점에서 브랜드는 제품 그 이상의 가치를 지니고 있다고 봐야 해. 우리가 물건을 살 때 가전제품은 어느 브랜드, 가구는 어느 브랜드, 시계는 어느 브랜드, 이렇게 딱 떠올리게 되는 브랜드들이 있는 것처럼 말이야.

　언니가 계란을 예로 들었으니 나는 우리의 최애 음료 콜라 얘기를 한번 해볼까? 흐흠. 콜라 브랜드의 양대 산맥인 펩시콜라와 코카콜라가 소위 블라인드 테스트를 벌인 적이 있었어. 아무 표시가 없는 컵에 두 가지 콜라를 따라주고 사람들에게 맛을 평가하게 한 거지. 그런데 51%의 사람들이 펩시콜라의 손을 들어줬지 뭐야. 콜라의 원조인 코카콜라는 44%에 불과했으니 그 충격이 이만저만이 아니었겠지. 근데 문제는 그다음이었어. 컵에다가 각각의 브랜드 이름을 붙이고 다시 테스트를 했더니 웬걸, 앞서 했던 테스트와는 반대로 펩시콜라가 23%였고 65%의 사람들이 코카콜라의 손을 들어준 거야. 이렇게 결과가 역전된 이유가 뭘까? 사람들이 코카콜라라는 브랜드를 인지한 상태에서 콜라를 마실 때 맛에 대한 기대치가 영향을 미친 거지. 코카콜라가 더 유명하고 더 오래된 브랜드니까 말이야. 이게 브랜드 파워가 아니고 뭐겠어?

내가 여기까지만 얘기하고 이렇게 딱 끝냈으면 아마 "그건 두 테스트의 결과에 대한 막연한 추측일 뿐이지 근거가 없잖아, 근거가."라고 하면서 바로 눈에 불을 켜고 달려들었겠지. 안 봐도 뻔해. 그, 러, 나, 이게 다가 아니라는 말씀!

2004년에 한 연구팀이 코카콜라와 펩시콜라를 마시는 사람들의 뇌를 자기공명영상장치fMRI로 촬영해봤어. 브랜드를 모르는 상태에서 콜라를 마신 사람들은 달콤한 맛으로 전두엽이 활성화되는 반응을 보인 반면, 코카콜라 브랜드를 인지하고 마신 사람들은 전두엽 외에도 인간의 쾌감을 관장하는 뇌의 영역이 같이 활성화가 되더라는 거야. 그런데 펩시콜라를 마신 사람들은 그렇지가 않았어. 사람들의 뇌가 특정 브랜드를 무의식적으로 '좋은 것'으로 인지하고 있기 때문에 그 브랜드를 보면 기대치가 생기고 이것이 뇌의 쾌감중추를 자극하게 되는 거지.

브랜드가 이렇게 강력한 힘을 발휘하기 때문에 브랜드를 사람들에게 얼마나 성공적으로 각인시키느냐에 따라 회사의 성패도 갈리게 돼. 과학의 발전과 함께 제조 기술이 발달한 덕에 예전처럼 회사마다 제품력에 그리 큰 차이가 나지 않게 되면서부터 브랜드의 중요성이 더욱 커졌지. 지금은 생활하는 데 없어서는 안 되는 무언가를 사는 것보다 없어도 살 수는 있지만 꼭 갖고 싶은 물건을 사는 시대야. 어떤 브랜드의 어떤 상품을 고르는지를 보면 그 사람의 취향과 사회적 위치를 알 수 있어. 이제 소비는 일종의 자기표현이라고. 그래서 말인데, 언니야. 제발 이번 엄마 선물은 좀 그럴싸한 것으로 고르면 안 될까? 응?

가격이 가치를 결정하는 건 아니잖아?

"그런데 말이야, 김은서. 그 '그럴싸'하고 매력적인 브랜드라는 게 왜 꼭 비싸야 하는 걸까? 예전에 뉴스에서 본 적이 있는데 와인 블라인드 시음회에서 똑같은 와인에 서로 다른 가격표를 붙여

났더니 사람들이 비싼 가격표를 단 와인에 더 높은 등급을 매겼다고 해. 그리고 가격표를 아예 붙이지 않은 와인에는 15만 원짜리보다 2만 원짜리를 더 좋게 평가하기도 하고 말이야. 결국 브랜드의 가치는 가격으로 매겨진다, 이거 아냐?"

"내가 지금까지 한 얘기는 한 귀로 듣고 한 귀로 흘렸어? 왜 또 도돌이표야? 가격표가 다가 아니라니까, 진짜."

은서는 답답하다는 듯 얼굴을 찌푸렸다.

"그럼 이건 뭔데?"

현서는 핸드폰을 들여다보며 잠깐 무언가를 찾더니 은서의 얼굴을 향해 불쑥 들이밀었다. 핸드폰 화면에는 굵은 고딕체의 뉴스 기사 제목이 확대되어 있었다. '오늘이 제일 싸다, 샤넬의 오픈런 대란.'

"뉴스에 얼마나 자주 나오는지, 명품에 관심 없는 사람이라도 이 브랜드 이름은 알겠더라고. 그런데 '오픈런'이라는 말이 영어에는 없는 말이라는 거 아니?"

현서가 핸드폰 화면을 들여다보며 중얼거리듯 말했다.

"백화점 개장 시간이 되기도 전에 이미 대기 손님이 수백 명? 줄 서기 알바까지 있다고? 하룻밤 사이 76만 원 인상! 대박……. 돈 있어도 못 구하는 1,000만 원 샤넬백? 동전 지갑 하나가 298만 원……. 이건 또 뭐야. 올해만 네 번째 가격 인상? 오픈런에 이어

노숙런 등장……."

현서는 놀라서 동그랗게 뜬 눈으로 은서를 쳐다보았다.

"리얼리?"

"아이참, 그건 샤넬이라서 그런 거지. 가격이 자꾸 오르니까 더 오르기 전에 지금 사놔야 남는 거라고 사람들이 새벽 댓바람부터 줄을 서는 거잖아. 그렇지만 그건 어디까지나 샤넬이니까……."

"샤넬이 뭐 세상에 하나밖에 없는 〈모나리자〉라도 되니? 어쨌든 매년 제품을 생산하는 브랜드잖아."

콧잔등으로 흘러내린 안경테를 추스르며 현서가 끼어들었다.

"그리고 어째서 사는 게 남는 게 돼? 안 사야 그게 제대로 남는 거지. 매년 꾸준히 가격을 올려서 4년 동안의 가격 인상 폭이 60%가 넘는데 수요가 떨어지기는커녕 꾸준히 올랐단 말이지. 이러니 물가가 어떻고 경제 상황이 어떻고 해봐야 명품 브랜드들의 콧대는 그저 하늘을 찌를 수밖에. 비쌀수록 더 사고 싶은 심리라니, 베블런 효과Veblen Effect*는 일반적인 경제 상식 밖에 있는 말이라구."

"언니가 명품에 대해 몰라서 그런 말을 하는 거야. 왜 샤넬만 갖고 그래? 샤넬보다 더 비싼 에르메스도 있는데. 사실 백화점 매출이 제일 많이 오른 데가 바로 그 도도하신 에르메스라구."

"그 정도 브랜드는 나도 알거든! 베블런 효과는 특정 계층의 허세적 소비 형태를 꼬집은 거였지만, 그 심리를 더 콕 집어서 표현해주는 데엔 '속물 효과', 혹은 '스놉 효과Snob Effect'*라는 말이 더 맞을지도 몰라. 어떤 상품에 대한 소비가 늘어나면 오히려 수요가 줄어든다는 거지. 너도나도 그놈의 오픈런을 해가면서 샤넬 제품을 찾다 보니 원래 그 브랜드에서 쇼핑하던 사람들은 한술 더 떠서 그보다 더 비싼 제품, 그러니까 일반 사람들은 제정신으로 지갑을 열기 힘든 브랜드로 갈아타는 거야. 에르메스처럼 말이야."

"흠, '스놉'이라면 그 '스놉'? 잘난 척하는 속물을 뜻하는 그거?

● 베블런 효과(Veblen Effect)
물건값으로 많은 돈을 지불했다는 사실을 남들이 알아주기를 바라며 가격표가 지위를 상징한다고 생각하는 '과시적 소비'의 속성을 가리킨다. 사회학자이자 평론가인 소스타인 베블런(Thorstein Veblen)이 1899년 출간한 『유한계급의 이론』이라는 유명한 책에서 처음 사용한 용어이다. 판매자가 낮은 가격으로 판매를 하면 오히려 상품에 대한 수요가 줄어드는 현상을 가리키며 주로 사치품 시장에 존재한다.
베블런 효과에 따르면 '가치가 가격을 결정하는 것이 아니라 가격이 가치를 결정'하기 때문에 값이 비쌀수록 수요가 늘어나게 되는 것. 이는 일반적으로 재화의 가격과 수요가 반비례하는 실물 경제에 반대되는 현상이다.

● 스놉 효과(Snob Effect)
미국의 경제학자 하비 레이번슈타인(Harvey Leibenstein)이 1950년 처음 사용한 말로 타인과의 차별성을 추구하는 사람들은 자신이 즐겨 사용하던 상품이라고 해도 많은 이들이 찾거나 대중화되면 일반 소비자들이 잘 모르거나 접근이 힘든 물건으로 소비 대상을 바꾸고 싶어 하는 경향을 의미한다. 희귀한 미술품이나 최고급 가구, 의류나 '리미티드 에디션(한정판)'으로 제작되는 상품에서 이런 효과를 살펴볼 수 있다. 베블런 효과와 마찬가지로 고가의 연회비를 조건으로 한 신용카드, VIP 전용 라운지 등 최상위 계층을 겨냥한 마케팅에 주로 활용된다.

스놉 효과라니, 느낌이 싸~
하다. 전~혀 좋은 뜻은 아닌
게 분명해."

은서는 팔짱을 끼고 못마
땅한 표정을 지어 보였다.
그런 은서의 얼굴을 쳐다보
던 현서가 뭔가 생각이 났는지 큭 하고 낮은 웃음을 터트리며 말
했다.

"아직 하나 더 있는데 이거 들으면 아주 머리채를 잡으려 들지
도 모르겠네……."

"응? 뭔데, 뭔데?"

"화내지 않는다고 약속하면 말해주고."

"아, 진짜! 약속, 약속."

"너 약속했다? 좋아, 흠……. 샤넬이든 에르메스든 그렇게 비싼
명품 브랜드의 물건을 사는 사람들은 의도가 뭐겠어. 결국 '나는
남들과 달라'를 보여주고 싶은 거잖아. 마치 시끄럽게 몰려 있는
까마귀 떼에 섞이고 싶지 않아서 혼자 멀찍이 떨어져 고고하게
거니는 백로처럼 말이야. 그래서 이걸 '백로 효과'라고도……."

"뭐야?"

"어, 너 화 안 낸다고 약속했다."

"야……. 말을 그렇게 나오는 대로 막 만들어도 되는 거야?"

"큭큭큭큭……."

방금 전까지만 해도 팽팽하게 당겨진 활시위처럼 긴장됐던 공기가 조금 누그러졌다.

"이게 다 브랜드에 지나치게 의미나 상징을 부여하기 때문인 거야. 그리고 사람들이 브랜드의 가치 기준으로 가격을 중요하게 생각하는 것이 문제고 말이야. 너 혹시 '빈센트 앤 코 사건'이라고 들어봤어? 나도 얼마 전에 자료를 찾다가 발견한 건데, 2006년 서울 압구정동에 문을 연 '빈센트 앤 코'라는 고가의 스위스 명품 시계 매장이 연예인과 백화점 홍보로 엄청 대박이 났었대. 근데 나중에 알고 보니 죄다 중국산 싸구려 시계였던 거야. 근거 없는 '전 세계 인구의 1%만 찰 수 있는 시계'라는 광고에 다들 넘어간 거지. 놀랍지 않아?"

"언니. 하아……. 내가 몇 번을 말해. 가격표가 다가 아니라니까."

은서는 못 말리겠다는 표정으로 현서를 쳐다보았다. 파리끈끈이보다 더 끈덕진 고집도 고집이지만, 사소한 말싸움을 하다가도 상대방이 허점을 보이면 절대로 그냥 넘어가지 않는 저 전투력이야말로 은서가 독서토론부 근처에 얼씬도 하지 않는 가장 큰 이유이다.

백화점과 가격표

18세기까지만 해도 물건마다 가격이 정해져 있지 않았다. 그래서 사람들이 물건을 사려면 매번 가게 직원들과 흥정을 통해 가격을 협상해야 했고, 직원들은 그날의 기분에 따라 물건값을 다르게 부르기도 했다. 1852년 아리스티드 부시코Aristide Boucicaut와 마르그리트 부시코Marguerite Boucicaut 부부가 파리에 문을 연 '르 봉 마르셰'는 여러 가지의 상품을 갖추어놓고 사람들이 자유롭게 물건을 돌아볼 수 있는 최초의 대규모 상점이었다. 오늘날의 백화점의 효시라고 할 수 있는 르 봉 마르셰는 모든 물건에 가격표를 붙여 누구에게나 공평하게 정찰제로 물건을 파는 방식을 처음으로 도입했다.

최초의 백화점 르 봉 마르셰

삑-삑-삑-삑-

현관 비밀번호 누르는 소리가 들리더니 문이 덜컥 열렸다.

"헬로우, 애들아, 맘 이즈 홈!"

경쾌한 목소리가 집 안에 울려 퍼졌다. 이내 거실로 들어선 이서 씨의 눈에 마치 비무장지대라도 되는 양 탁자를 사이에 두고 대치 중인 두 딸이 들어왔다. 퇴근한 엄마는 안중에도 없는 듯 고개조차 돌릴 생각을 하지 않고 입을 딱 다문 채 서로를 노려보고 있는 딸들을 번갈아 보던 이서 씨가 먼저 거실에 고여 있던 침묵을 깼다.

"이건 또 무슨 시추에이션이지? 너희들 또 싸워?"

그제야 현서가 엄마를 쳐다보며 침착한 목소리로 대답했다.

"어……. 아니에요. 그냥 은서랑 의논할 게 있었는데 서로 의견이 좀……. 아무것도 아니니까 신경 쓰지 마세요."

한 마디를 하면 열 마디를 받아치는 동생과 엄마 생일 선물 때문에 입씨름 중이었노라고 털어놓을 수는 없지 않은가. 그러나 이쯤에서 잠정적인 휴전에 돌입해야겠다고 마음먹은 현서와 달리 은서는 막 겉옷을 벗으며 방으로 들어가려는 엄마의 팔을 붙들고 거실로 잡아끌었다. 현서가 뭐라고 말릴 새도 없이 얼떨결에 소파에 걸터앉은 엄마를 향해 은서는 하소연을 늘어놓기 시작했다.

"엄마, 엄마. 우리 진짜 쌍둥이 맞아요? 그럴 리가 없어, 엄마. 잘 생각해봐. 16년 전 일이니까 좀 헷갈릴 수도 있지 않을까? 아니이, 쌍둥이라는데 이건 뭐 하나 통하는 게 있어야지, 심지어 말도 안 통해요. 어떤 때 보면 서로 다른 나라 말을 하는 것 같다니까요."

투덜대는 은서를 쳐다보며 이서 씨가 웃음을 터트렸다.

"아이참, 엄마, 아니지. 산전수전, 공중전에 해전, 잘하면 우주전까지 두루 겪으신 노련한 쇼호스트 노이서 여사님, 지금 웃을 일이 아니에요. 제 말 좀 들어보세요. 엄만 쇼핑의 달인이잖아, 그렇죠? 엄마도 쇼핑 엄청 좋아하잖아요, 맞죠? 그리고 명품에도 관심 많잖아요. 아니라고는 말 못 할걸요? 지금 엄마가 들고 있는 가방도 구찌잖아요."

이서 씨는 속이 뜨끔했다. 아이들이 커갈수록 '엄마가 모범을 보여야 한다'는 남편의 잔소리에 조심하긴 하지만, 쇼핑을 간다고 하면 제일 좋아하는 피자를 먹다가도 발딱 일어서서 따라나서는 은서가 하늘에서 뚝 떨어졌을 리가 없다. 초등학교 때부터 엄마의 장롱을 놀이터 삼아 종일 놀곤 하던 '커서 뭐가 될지 모르는' 딸이었다.

"그래서 말인데요, 명품을 좋아하는 게 그렇게 나쁜 건가요?"

"야! 김은서! 내가 언제 그게 나쁜 거랬어? 합리적인 소비를 해야 한다고 그랬지. 그거랑 그거랑 어째서 같은 말이야? 너 지금 엄마 앞이라고 일부러 그러는 거지?"

현서가 은서의 등을 찰싹하고 쳤다.

이서 씨는 다 알겠다는 듯한 표정을 지었다. 중학생이 되고 나서 두 딸이 이런 대치 상황을 벌인 게 오늘로 몇 번짼지 셀 수도 없기 때문이다. 무슨 옷을 입혀도 토를 달지 않고 엄마 입에서 "제발 가방 하나 새로 사자."는 말이 나올 때까지 낡은 책가방을 군말 없이 끌고 다니는 현서와 일찌감치 빨간 장미 핀, 노란 해바라기 핀, 세로 줄무늬 양말과 가로 줄무늬 양말 사이의 선호도가 명확하던 은서는 얼굴 생김새만 빼고 같은 점을 꼽으라면 다섯 손가락을 겨우 넘어갈 정도로 의견 일치를 볼 때가 별로 없었다. 오늘은 필시 요즘 들어 두 딸 사이에 한창 뜨거운 감자로 부상한 '그 주제'가 재등판을 한 것이리라.

"은서 너 또 뭐 샀구나? 용돈 모아서 사는 거라고 해도 꼭 엄마한테 얘기하고 사라고 그랬을 텐데. 도대체 이번엔 얼마짜리를 샀길래 언니한테 한 소리를 들으셨을까?"

이서 씨는 짐짓 현서의 눈치를 살피는 척하며 은서의 옆구리를 쿡쿡 찔렀다.

"아이참, 엄마, 그런 게 아니라요……."

그러자 현서가 은서를 향해 눈을 한껏 치켜떴다. 저렇게 앞뒤

없이 말을 늘어놓다가 엄마의 생일 선물 얘기가 튀어나오기라도 하면 대략 낭패인 것이다. 은서는 잠시 멈칫하는가 싶더니 이내 아랑곳하지 않고 말을 이어갔다.

"언니는 사람들이 명품을 좋아하는 이유가 순전히 가격 때문이 래요. 남들이 감히 사지 못하는 비싼 걸 사면서 자신이 더 우월한 위치라는 걸 확인하고 싶어 하는 거라고요. 물론 가격도 하나의 요인으로 작용하지만 그게 전부가 아니라는 걸 아무리 설명을 해 줘도 언니 쟤는 당최 이해를 못해요, 이해를."

"김은서! 언니한테 쟤가 뭐야, 쟤가!"

이서 씨는 은서의 말이 끝나기가 무섭게 둘째 딸의 엉덩이를 팡 하고 두들겼다. 현서는 고소하다는 듯 동생을 향해 혀를 날름 하고 내밀었다.

"이거야 원, 퇴근을 하고 집에 온 건지 도로 회의를 하러 온 건 지."

두 딸의 말씨름이 길어진다 싶을 때면 적절한 때를 찾아 끼어 드는 게 이서 씨의 역할이다. 그런데 쌍둥이가 한창 호기심 충만 한 나이가 되자 가끔은 '이거 나도 공부를 좀 해야겠네' 하는 생각 이 들 때가 한두 번이 아니다. 그래도 오늘은 운이 좋았다. 이거 야말로 쇼호스트 노이서의 전문 분야가 아닌가.

"합리적인 소비라……. 당연히 그래야 하지. 운동할 때 입을 티

서츠 하나를 사더라도 브랜드를 따질 게 아니라 품질을 비교해서 비슷한 원단을 사용한 제일 저렴한 시장 제품을 고르는 게 맞지. 그런데 실제로는 어떨까? 브랜드 제품이라 훨씬 비싼 가격을 지불해야 한다는 걸 알면서도 가슴팍에 날렵한 나이키 로고가 보이면 먼저 손이 가지. 사실 사람이 그렇게 매번 논리적인 판단을 내리고 합리적인 결정을 하는 존재가 못 되거든. 엄마랑 쇼핑할 때 너희들도 가끔 그러잖아. 특히 은서 너! 지난번에 검은 바지 하나를 산다고 가게를 열 군데도 넘게 돌아다닌 거 기억나지?"

"맞아요! 다 비슷비슷해 보이는데 혼자 이건 옷감이 싼 티가 나고 저건 허리가 미세하게 크고, 요건 기장이 살짝 짧고…… 와, 그때 진짜 얼마나 짜증이 나던지."

현서가 맞장구를 치며 고개를 절레절레 흔들었다.

"큭큭큭, 맞아, 맞아. 현서가 보기에는 모두 똑같은 검은 바지였는데 은서가 보기에는 다 다른 검은 바지였던 거지. 사람들은 어떤 물건을 고를 때 단순히 가격만 비교하는 게 아니라 '그래, 이거야'라는 생각이 들게 나를 만족시켜주는 것을 찾고 싶어 해. 그래서 소비를 일종의 나를 표현하는 행위라고 보는 거란다."

"전문가의 말씀, 잘 들었지?"

이번에는 은서가 현서를 향해 눈썹을 찡긋 올리며 의기양양한 미소를 날렸다. 그러자 현서가 질세라 입을 열었다.

"그렇지만 은서가 엄마한테 사고 싶다고 하는 물건들을 보면 하나같이 비싼 것들뿐이잖아요. 아, 물론 제 기준에서요. 카드지갑이나 필통 같은 건 예쁘고 싼 물건이 진짜 널렸거든요. 엄마는 '나를 만족시키는 물건'이라고 하시지만, 결국 쟤한테 그 만족의 기준이란 까놓고 말해서 어떤 브랜드 라벨이 붙어 있는가랑 가격표인 거라구요."

순간 발끈한 표정을 짓는 은서의 팔을 잡으며 이서 씨가 대신 냉큼 말을 받았다.

"현서야, 원래 브랜드라는 말의 어원은 말이지……."

"어우, 엄마. 소용없어요. 누가 똥고집 여사 아니랄까 봐. 그 얘기는 이미 제가 엄마가 오시기 전에 버얼써 다 해줬거든요. 근데도 끝까지 가격표만 물고 늘어지는 거 보세요."

어렸을 때부터 현서는 그랬다. 제 머리로 이해가 되지 않으면 끝까지 같은 질문을 해댔고 온갖 궁금증에 대한 답을 마지막 조각까지 찾아서 완벽하게 다 맞춰 넣어야 성이 찼다.

"음, 그럼 혹시 이것도 알고 있니? 옷에 브랜드 라벨을 처음 붙인 사람 말이야."

현서와 은서가 동시에 "아니요!"라고 하며 눈을 동그랗게 떴다.

"패션의 본고장으로 소문난 프랑스 파리가 여성복의 중심지로 부상하는 데 아주 중대한 역할을 한 디자이너가 있어. 19세기 패선의 아버지로 불리는 찰스 프레더릭 워스Charles Frederick Worth라는 사람이지. 영국 출신으로 파리에서 활동하는 디자이너였던 워스는 1860년대 프랑스 황제 나폴레옹 3세의 부인인 외제니의 옷을 디자인하며 명성을 떨치기 시작했어. 19세기 후반의 파리 상류 패션을 선도하면서 프랑스뿐만 아니라 유럽의 모든 왕족과 귀족들이 그의 옷을 입었을 정도였지. 왕실 양재사로 일하던 그는 호화로운 소재와 장식이 특기여서 오트 쿠튀르Haute couture(고급 맞춤형 의상)의 기초를 마련한 디자이너라는 평가를 받고 있단다. 그가 바로 화가가 작품의 한 귀퉁이에 자신의 이름을 써넣는 것처럼 자신의 이름을 딴 브랜드 라벨을 옷에 최초로 붙인 디자이너야. 그 당시 의상 디자이너들은 재단사나 양재사처럼 기술직으로 대접을 받았는데, 옷에 이런 브랜드 라벨을 붙임으로써 자신의 이름을 걸고 창작 활동을 하는 예술가로 자리를 잡게 된 거지. 프랑스어로 옷에 붙이는 라벨을 '그리프Griffe'라고 부르는데 '야수의 발톱'이라는 뜻이래. 아마도 제품마다 디자이너의 개성이 야수의 날카로운 발톱 자국처럼 고스란히 드러난다는 의미가 아닐까? 아니면 브랜드의 이름을 사람들의 기억 속에 야수의 발톱처럼 깊숙이 남긴다는 의미일 수도 있고."

"우와! 브랜드의 역할이랑 너무나 찰떡같이 맞아떨어지는 이름인걸요!"

은서가 신이 나서 외쳤다.

"역시 프랑스야. 브랜드 라벨이 야수의 발톱이라면 프랑스야말로 천하무적 독수리 오형제의 고향이죠, 암. 세계적으로 유명한 명품 브랜드는 거의 다 메이드 인 프랑스잖아요. 내가 뭐 갖고 싶다는 말만 하면 알지도 못하면서 그저 덮어놓고 비싼 거 좋아한다고 오만 잔소리부터 해대는 김현서! 명품이 단순히 가격표에 적힌 숫자가 몇 자릿수인지로 결정된다는 게 얼마나 노루 꼬리만큼이나 짧은 생각인지 오늘 내가 똑똑히 보여주지. 일등 좀 한다고 자기가 세상 제일 똑똑한 줄 알지만, 쇼핑과 브랜드는 이 김은서한테 한 수 배워야 할걸?"

은서는 엄마를 향해 눈을 찡긋해 보이고 계속해서 말을 이어갔다.

명품의 명백한 품격

은서

    사전적으로 명품은 '세계적으로 매우 유명하고 가격이 아주 비싼 브랜드의 제품'을 뜻해요. 명품을 뜻하는 '럭셔리luxury'의 어원은 호화로움을 뜻하는 라틴어 룩서스luxus에서 찾을 수 있는데 극도의 사치를 의미하죠. 그저 가격만 높은 물건들은 '호화품'이나 '사치품'으로 불리는 게 맞는다는 거 저도 알아요. 안다구요. '가장 비싼'과 '가장 품질이 좋은'이 같은 말은 아니잖아요? 진정한 '명품'이란 '최고의 것'이죠.

    지금 세계적으로 알려진 명품 브랜드들이 내놓는 제품들이 '명품'이라고 불리는 이유는 오랜 역사와 전통을 자랑하며 최고의 기술을 가진 장인의 손으로 생산하기 때문이에요. 최고급 소재를 사용하고 오랫동안 갈고닦은 제작 공정을 거치고 까다로운 수작업으로 소량 생산을 하는 제품들이니 그야말로 '작품'과 다를 바가 없죠. 그래서 가격이 비싸더라도 이런 제품에 투자를 할 만한 가치가 있다고 믿는 사람들이 기꺼이 지갑을 여는 거예요. 프랑스가 세계 최고의 명품 대국으로 자리를 굳건히 지키게 된 것도 명품 브랜드 제품들의 완성도를 만들어내는 이런 전통적인 기술력 때문이라고 할 수 있어요.

구찌Gucci의 인기 가방인 '뱀부백bamboo bag'의 대나무 손잡이 한 개를 만들려면 140개의 부품이 있어야 되는데, 한 명의 장인이 거의 15시간 동안 수작업으로 조립을 해야 완성할 수 있대요. 그리고 샤넬에서 생산하는 옷에 수작업으로 자수를 놓는 르사주 공방은 무려 160년이 넘는 역사를 가지고 있는 세계에서 제일 큰 자수 공방이에요. 이곳에서는 오로지 사람의 손과 바늘로만 무늬를 만들어내는데, 샤넬의 트위드 재킷에 들어가는 자수는 1만 개의 골드 글라스 튜브와 5,000개의 도자기 핑크 시퀸으로 155시간 동안 작업을 한 거래요.

에르메스의 장인들은 어떻고요? 에르메스의 브랜드 철학은 한 마디로 말해서 '장인 정신', 그 자체예요. 품질이 곧 브랜드의 얼굴이라는 창립자 티에리 에르메스Thierry Hermes의 소신대로 얼마나 집요하게 완벽을 추구했는지, 그가 만든 물건들은 '예술품'으로 평가를 받

티에리 에르메스

았을 정도라구요.

에르메스의 장인이 되려면 최소 10년의 수련 과정을 거쳐야 하는데, 이런 장인들이 기계의 도움 없이 최고의 재료를 가지고 오로지 바느질로만 한 땀 한 땀 수작업으로 완성하는 것이 그 비싸기로 유명한 에르메스 가방이에요. 인공지능이 인간을 대신하는 이 21세기에 말이에요. 한 명의 장인이 한 달 내내 열심히 만들어봐야 가방 네 개 정도를 만들 수 있을 뿐이지만, 그렇다고 장인의 숫자를 늘리지는 않는대요. 장인 교육의 질을 보장할 수 없다는 이유에서요. '최고의 품질'을 비유할 때마다 '한국의 에르메스'니 '유모차계의 에르메스', '커피계의 에르메스'니 하고 부르는 것처럼 브랜드 이름 자체가 '최고급 브랜드'의 대명사로 쓰이고 있는 데에는 그만한 이유가 있는 거죠.

이처럼 진정한 '명품' 브랜드가 되기 위해서는 단지 가격표가 문제가 아니라 역사와 장인 정신 그리고 시대를 초월해서 견고하게 생명력을 유지하는 디자인의 철학이 있어야 하는 거라고요. 코코 샤넬은 "패션은 건축이다. 패션의 아름다움은 균형과 비

코코 샤넬

율에 달려 있다."라고 했고 에르메스
의 최고 경영자이자 창업주인 티에리
에르메스의 6대손 악셀 뒤마Axel Dumas
회장은 "에르메스는 사치품이 아니라
최고 품질의 상품을 만드는 장인 기업
이다. 에르메스 제품은 로고가 없기
때문에 아는 사람만 알아본다. 남에게
보이기 위함이 아니라 오로지 자기만

루이 뷔통

족을 위한 제품이다."라고 했어요. 그리고 루이 뷔통Louis Vuitton은
"단순한 가방이 아닌 여행의 즐거움을 선사한다."는 창립자의 말
처럼 '삶 속의 예술'을 오랜 브랜드 철학으로 삼고 있죠.

"와, 우리 은서가 언제 이렇게 아는 게 많아졌지? 학교 공부를
이렇게 하라고 했으면 아마 30분도 못 앉아 있었을 것 같은데, 명
품에 대해서는 아주 박사가 다 됐네?"

이서 씨가 쿡쿡 하고 웃자 은서는 "아이참. 나도 한다면 한다니
까."하며 새침한 표정을 지어 보였다. 그러다 이서 씨는 아무 말
없이 앉아 있는 현서의 눈치를 슬쩍 살폈다. 첫째가 저렇게 미간
에 골짜기를 만든 채 입을 야무지게 다물고 있을 때에는 뭔가 소

낙비가 오기 전 개구리 울음소리가 일시에 그친 것 같은 순간이라는 소리다. 아니나 다를까.

"저는 아무리 생각해도 명품의 가격은 브랜드 이름값이라는 생각을 떨쳐버릴 수가 없어요. 시계를 예로 들어볼게요. 우리에게 시계가 왜 필요하죠? 시계의 본분은 정확한 시각과 시간을 알려주는 거잖아요. 그런데 스위스의 장인이 만들었다는 3,000만 원짜리 기계식 명품 시계가 10만 원짜리 쿼츠 시계보다 수십 배는 더 부정확하대요. 게다가 충격에 대비한 내구성이나 무게, 유지비용, 편리성 등 실용적인 면에서도 뭐 하나 나은 게 없고요. 요즘 나오는 스마트 워치만 해도 정확한 시간은 기본이고 문자 메시지와 메일 체크, 심박수, 심지어 체성분까지 측정해준다구요. 은서가 얘기한 대로 명품의 장인 정신이며 완벽한 품질 관리, 참 대단하긴 한데요, 사실 실용성의 측면을 따져보면 그건 그 브랜드들이 현실과 타협하기보다 자신들이 가진 역사와 전통을 과시하기 위한 목적이 더 큰 거 아닐까요?"

마른 아스팔트 위에 빈틈없이 내리꽂히는 빗줄기처럼 현서의 입에서 쉬지 않고 말들이 쏟아져 나왔다. 순간 이서 씨는 속이 뜨끔했다. 쇼호스트라는 그녀의 직업은 쉽게 말해서 소비자의 소비 심리를 자극해 구매로 연결시키는 것이다. 상품을 미리 써보고 그 기능에 대해 유용한 정보를 전달하는 역할도 중요하지만, 방송을 보던 사람들이 뭔가에 홀린 듯 전화기를 들도록 홍보 전략을 잘 짜야 한다. 패션 쪽 아이템을 맡으면서 이서 씨는 가끔 특별전으로 고가의 명품 브랜드 아이템들을 소개하기도 한다. 그러면서 그녀 역시 소비자들의 심리를 파고들기 위해 군중 심리와 동경심을 적절히 자극하는 방법을 써온 것이다. 그때마다 제일 전면에 내세웠던 것은 역시 명품 브랜드가 가진 오랜 역사와 전통 그리고 장인 정신이었지 실용성을 강조했던 적은 한 번도 없었다.

'이 녀석 봐라, 스매싱 파워가 장난이 아닌걸?'

이서 씨는 흠흠 하며 목소리를 가다듬고 입을 열었다.

"명품 브랜드들이 100여 년이 넘는 세월 동안 구축해 온 이미지의 힘이지. 프랑스의 사회학자 장 보드리야르Jean Baudrillard는 자신의 저서에서 현대 사회는 사용 가치가 아니라 기호 가치에 욕망을 느끼고 소비하는 '소비 사회'라고 정의했지. 예를 들어서 구두를 사러 갔을 때 대부분의 사람들은 브랜드가 있는 것과 없는 것 중에서 브랜드가 있는 것을 선호해. 사실 그 기호 가치라는 건 실재하는 게 아니라 하나의 이미지일 뿐이잖니. 그런데 그게 우리의 지갑을 열게 만든단 말이야."

현대 사회에서 브랜드는 단순한 로고나 표식을 넘어 무형의 자산으로
평가되고 있다. 브랜드의 자산 가치란 실제 금액으로 환산이 가능한
브랜드의 가치를 말한다. 이는 브랜드 충성도를 구체적으로 수치화한
개념이다. 브랜드 자산은 소비자들의 특정 제품을 사용한 경험을 토대
로 형성되고 축적된다.

브랜드의 자산 가치를 객관적으로 평가하는 곳으로 유명한 미국의 인
터브랜드Interbrand는 해마다 세계적으로 가장 가치 있는 브랜드 100개
를 선정해서 발표하는데, 10위권 안에는 애플, 구글, 코카콜라, 마이크
로소프트 등이 올라와 있으며 한국 기업으로는 삼성전자, 현대자동차,
기아자동차가 포함되어 있다.

명품을 갖는다고
내가 명품이 되지는 않아

엄마의 말에 귀를 기울이고 있던 현서가 눈을 동그랗게 뜨며
말했다.

"맞아요, 엄마! 내 말이 바로 그거라니까요."

현서는 말을 채 끝내기도 전에 잽싸게 몸을 일으켜 제 방으로
달려가더니 이내 손에 무언가를 들고 나왔다. 손바닥만 한 화사

한 분홍색과 검은색의 파우치 두 개와 제법 두께가 도톰한 머리
띠였다.

"어! 그거 내 거잖아!"

은서가 소리쳤다. 쌍둥이 자매는 침대 두 개, 책상 두 개, 옷장
두 개를 양쪽 벽에 나란히 붙여놓고 방 하나를 나눠 쓰고 있다.
검은색 파우치는 은서가 숙제를 하느라 책상 위에 올려둔 필통이
었다. 그런데 아무리 생각해봐도 저 머리띠는 어디에 뒀었는지
도무지 기억이 나지 않았다. 은서가 잠시 생각에 잠긴 사이 현서
는 손에 들고 있던 것들을 거실 탁자 위에 내려놓았다.

"이것 좀 보세요. 이 분홍색이 제 거고 이 검은색이 은서 건데
요, 솔직히 말해서 이 분홍색이 더 귀엽지 않아요?"

현서는 깜찍한 고양이 캐릭터가 그려져 있는 분홍색 파우치를
잡고 앞뒤로 뒤집어 보였다. 옆에 놓인 검은색 파우치는 아무런
무늬도 없이 조그만 삼각형의 금속 브랜드 로고가 가운데 덜렁
박혀 있을 뿐이었다. 그러더니 이미 지퍼가 열려 있는 두 파우치
의 안쪽까지 보여주었다. 안에 들어 있던 온갖 잡동사니들은 이
미 책상 위에 죄다 쏟아놓고 온 뒤였다.

"어디를 봐도 몸값에 왜 그렇게 어마어마한 차이가 나야 하는
지 이유를 알 수가 없다니까요. 그리고 이 머리띠! 어휴, 이렇게
왕반짝이가 덕지덕지 붙은 게 뭐가 예쁘다고 그 난리를 쳤는지,

지금 봐도 전 도무지 이해가 안 가요. 그런데 그렇게 갖고 싶다고 엄마를 못살게 굴 때는 언제고, 신이 나서 몇 번 하고 나가더니 지금은 그냥 모셔만 놓고 있더라고요. 쟤는 아마 제가 이걸 어디서 찾았는지도 모를걸요?"

"치……."

은서는 반박할 말을 찾지 못하고 괜히 입맛만 다셨다.

"김은서 변덕이야 뭐 말하면 입만 아프죠. 품목도 얼마나 다양한지 운동화에 겨울 점퍼에 지갑에 가방…… 근데 막상 사놓고 뭐 하나 진득하게 쓰는 걸 못 봤어요. 그렇게 갖고 싶었던 거라면 너덜너덜해질 때까지 써야 하는 거 아닌가요? 쟤한테 사용 가치는 아웃 오브 안중이고 브랜드의 기호 가치만 100이에요, 100. 근데 그게 진짜로 진정한 브랜드의 가치냐구요."

어이가 없다는 듯한 표정으로 현서의 말을 듣고 있던 은서가 소파에서 발딱 일어났다.

"진짜 못 들어주겠네! 언니 파우치랑 내 것이 어디를 봐서 비슷하다는 거야? 언니 거는 딱 봐도 동네 문방구에서 산 싸구려고 내 거는 프라다거든? 그냥 천이라고 다 같은 천인 줄 알아? 보는 눈이 없으면 가만히라도 있든가! 그리고 그 머리띠는…… 그 머리띠는…… 내가 오래오래 쓰려고 조심히 보관해둔 거야. 알지도 못하면서……. 그리고 그게 요즘 얼마나 핫한 아이템인지 알기나

해? 하긴 트렌드의 트 자도 모르는 사람 앞에서 내가 무슨 소리를 하겠어."

양손으로 허리춤을 짚은 채 얼굴까지 벌게져서 열을 올리는 은서를 물끄러미 쳐다보던 현서가 툭 하고 끼어들었다.

"너 그거, 너희 반 화연이 때문이지?"

순간 은서가 입을 다물었다.

"전교에서 걔 모르는 애가 없더라. 머리부터 발끝까지 명품으로 도배하고 다닌다고 말이야. 네 말대로 난 명품을 보는 눈이 없어서 내 눈엔 그저 좀 좋아 보이는 옷이나 신발 정도인데, 다른 애들 수군거리는 거 들어보니까 걔가 몸에 걸친 것들 다 합치면 입이 딱 벌어지는 액수라며? 그렇지만 그거야 걔네 부모님이 부자라서 딸한테 그런 것들을 척척 사줄 만하니까 그런 거지. 그렇게 비싼 물건을 망설이지 않고 살 수 있는 사람이 몇이나 되겠어? 근데 걔가 이번에 뭘 새로 샀더라, 무슨 브랜드에 얼마짜리더라, 다들 부러워서 난리가 나지. 거기까지는 괜찮아. 그런데 왜 따라하지 못해서 안달을 하는 건데? 명품은 갖고 싶지만 손바닥만 한 가방 하나에 몇백만 원이나 하는 샤넬 같은 브랜드들은 언감생심이니까 그보단 좀 가격대가 낮은 명품 브랜드에서 비교적 사기 쉬운 카드지갑이나 조그만 파우치 같은 것들을 고르는 거잖아, 너. 숙제할 시간, 공부할 시간 버려가며 알바 뛰고 모자라면 엄마한테 몇 날 며칠을 조르고. 그런데 그 물건들이 그렇게 벼르고 벼르며 애를 태우고 수고를 할 만한 가치가 있어? 중학생이 그런 게 왜 필요해? 파노플리 효과*나 밴드웨건 효과**같은 거야? 샤넬을 못 사면 샤땡이라도 가져야 하는 그런 심리, 난 도저히 이해 불가야."

은서의 표정이 마치 손에 쥔 얇은 알루미늄 호일처럼 형편없이 구겨져갔다.

"거기서 화연이 얘기가 왜 나와. 내가 따라쟁이라는 거야? 샤넬을 못 사니까 샤땡이라니, 그럼 걘 샤넬이고 난 샤땡이라는 거야, 뭐야?"

은서는 현서가 뭐라고 대답할 틈도 주지 않고 그대로 홱 돌아서더니 방으로 들어가버렸다.

● 파노플리 효과(Panoplie Effect)
'파노플리'는 프랑스어로 '집단'을 뜻하며 '파노플리 효과'는 특정 브랜드를 갖거나 특정 서비스를 받았을 때 스스로가 그 브랜드와 서비스를 소비하는 집단에 속해 있다고 믿는 것을 말한다. 고가 화장품, 명품 가방, 비싼 외제차 등을 사서 트렌드를 선도하는 계층의 일원이 되고 싶은 욕망이 대표적인 파노플리 효과이다.

●● 밴드웨건 효과(Bandwagon Effect)
대중적으로 유행하는 정보에 따라 상품을 구매하는 현상을 말한다. 밴드웨건은 서부개척시대에 악대를 선두에 세우고 다닌 운송 수단으로 요란한 음악을 연주해서 사람들을 끌어모았다. 이처럼 밴드웨건 효과는 남들이 하는 걸 따라 하고 싶은 마음, 타인에게 뒤처지고 싶지 않은 심리를 이용하는 마케팅에 쓰인다. '국민 유니폼' 혹은 '국민 가방'으로 불리며 크게 유행한 제품들이 이에 속하며, 요즘 벌어지고 있는 '샤넬 오픈런' 역시 이 밴드웨건 효과의 일종으로 볼 수 있다.

"어머나, 은서야! 은서야아아! 김은서어어어어어!"

엄마가 불러도 오늘은 소용이 없었다.

"이런, 아무래도 오늘은 이쯤에서 휴전인가 보네."

이서 씨는 은서에게 끌려오느라 소파 위에 그대로 던져둔 겉옷과 가방을 집어 들고는 현서의 어깨를 툭툭 두드렸다.

"현서야, 의견 확실하고 전투력 충만한 건 좋은데 조금만 나이스하게, 응?"

"네……."

한참 명품 브랜드 이야기를 하다 보니 얼마 전 걸어 다니는 백화점 명품관이라는 화연이를 복도에서 봤던 기억이 나서 그 얘기를 꺼냈던 게 실수였나 보다. 옆에 있던 채윤이가 '쟤가 지금 입고 있는 카디건이 200만 원 짜리'라고 한 말을 듣고 눈이 휘둥그레졌지만, 화연이가 눈앞을 지나쳐 갈 때 암만 매의 눈으로 뜯어보아도 도무지 그만한 거금을 들일 이유를 찾을 수가 없었다. 그런데 그날 집에 오는 길에 은서가 먼저 호들갑스러운 목소리로 "언니, 오늘 화연이가 입고 왔던 카디건 봤어? 그 브랜드 올해 신상이라는데 지인짜 예쁘더라."라고 하더니 "한 번 입어나 봤으면 좋겠네."라며 한숨까지 쉬었던 것이다.

'지레 찔려서 저러는 거지, 흥.'

현서는 잔뜩 냉기를 뿜으며 돌아앉아 있을 은서를 떠올리며 방

대신 부엌으로 향했다.

'하여튼 브랜드의 '브' 자도 모르는 주제에 머리 좋은 거 하나 믿고 사람 무시하기는……. 정말 재수 없어……. 그나저나 남의 파우치는 왜 허락도 없이 손을 대? 짜증나게…….'

은서는 좀처럼 풀리지 않는 분한 마음에 콧김을 씩씩거리며 현서가 급하게 꺼내놓느라 책상 위에 어지럽게 흩어져 있는 물건들을 도로 파우치 안으로 아무렇게나 꾸역꾸역 집어넣었다. 손수건과 머리 고무줄, 실핀, 핸드로션과 립스틱…… 까맣고 반질반질한 립스틱 꼭대기에는 선명한 흰색의 샤넬 마크가 박혀 있었다. 은서는 뚜껑을 열고 가만히 립스틱을 돌려보았다. 옅은 핑크색의 립스틱이 수줍게 고개를 내밀었다. 처음 백화점에서 이걸 사고 얼마나 신나 했던가. 백화점 화장실에서 처음 발라본 샤넬 립스틱은 입술 위에서 미끄러지듯 달리는 그 촉감하며 옅은 장미 냄새까지도 '샤넬'스러웠다. 그렇지만 중학교 3학년에게 립스틱을 바르고 다닐 일이 몇 번이나 있겠는가. 그저 파우치를 열 때마다 빼꼼히 보이는 샤넬 로고만으로도 뭔가 흡족한 기분이 드는 것이다.

은서가 처음 샤넬 립스틱을 사야겠다고 결심한 것은 단짝 친구인 혜미가 입생로랑의 립틴트를 샀다고 자랑하던 날이었다. 언제부턴가 애들 사이에서 최고 인기를 누리고 있는 입생로랑 립틴트는 사각형의 고급스러운 황금색 뚜껑에 입생로랑의 마크가 커다랗게 박혀 있고 티 나지 않게 입술을 화사하게 물들여주었다.

"은서야, 이거 봐봐. 내가 지난주에 가족들이랑 제주도 갔다 오는 친구한테 면세점에서 사다 달라고 부탁해서 받은 거야. 색깔 죽이지 않냐? 역쉬 국산이랑은 차원이 달라요, 차원이. 헤헤."

혜미는 립틴트를 입술이 아닌 손등에 연신 찍어보며 싱글벙글이었다. 그때 은서의 눈에 들어온 것은 건너편 화연이의 책상 위에 놓여 있는 구찌 파우치였다. 파우치의 벌어진 지퍼 사이로 눈처럼 새하얀 샤넬 마크가 두 개나 고개를 삐죽이 내밀고 있었다. 입생로랑보다 조금 더 비싼 샤넬 립스틱도 애들 사이에서 인기가 좋았다. 조금만 꾹 참고 용돈을 모으면 살 수 있는 가격대인 데다 브랜드 로고도 선명하게 박혀 있어서 화장실 세면대에서나 교실에서 파우치를 열 때마다 파우치 주인의 어깨에 힘이 들어가게 만들어주는 마법을 부렸다. 그때까지만 해도 사실 은서 역시 '중학생이 무슨 립스틱……'이라고 생각했었지만 화연이의 파우치를 본 순간 은서의 마음속에서 또 다른 목소리가 고개를 들고 속삭였다.

'애들 다 사는데 나도 샤넬 하나쯤 갖고 있으면 좋잖아.'

*샤넬CHANEL

고아로 수녀원에서 자라며 힘든 어린 시절을 보낸 코코 샤넬은 낮에는 재봉사, 밤에는 카페에서 노래하는 가수로 밤낮없이 일을 했다. 그러던 1910년 파리에 처음 모자 가게를 열며 디자이너로서 활동을 시작했다. 당시만 해도 여성복은 코르셋을 이용해서 몸매를 강조하고 장식이 많은 것이 일반적이었는데, 샤넬은 화려하고 비실용적인 스타일을 거부하고 자신이 입어서 불편한 옷은 절대 만들지 않았을 만큼 디자인에 대한 자신만의 주관이 뚜렷했다.

제1차 세계대전이 한창일 때 그전까지 사회적으로 약자의 입장이었던 여성들은 남자들이 전쟁터에 나가 싸우는 동안 가정을 유지하기 위해 생활전선에 뛰어들어야만 했다. 이러한 이유로 실용적인 복장에 대한 수요가 늘어날 수밖에 없었다. 샤넬은 당시 고급 패션에 사용되던 실크나 벨벳 같은 비싼 소재 대신 주로 남성복에 사용되는 트위드와 저렴하고 편안한 저지jersey 천 등으로 처음 옷을 만들었으며 최초로 발목 위 길이의 치마를 선보였다.

샤넬은 몸을 조이는 코르셋으로부터 여성을 해방시키고 현대 여성복의 시초가 된 디자이너로 평가받고 있다. 그녀는 여러 가지 면에서 혁신적인 역사를 남겼는데, 샤넬의 역작으로 불리는 '검은색 미니 드레스'가 처음 선을 보이던 1926년까지만 해도 검은색 옷은 장례식에서나 입는 '불길한 옷'을 의미했지만 샤넬이 활동적인 여성을 위한 편안한 드레스로 선보인 이후 대중적인 패션이 되었다.

＊에르메스HERMES

'명품 위의 명품'이라 불리며 세계 최고의 명품 브랜드로 손꼽히는 에르메스는 창업자 티에리 에르메스의 이름을 따온 것으로 1837년 프랑스 파리의 마들렌 광장에서 안장과 마구를 만드는 회사로 처음 문을 열었다. 이후 1867년 세계 박람회에서 1등을 하며 마구 장인으로서의 섬세하고 탁월한 능력과 튼튼한 품질을 인정받아 세계 왕실과 귀족들에게 제품을 공급하게 되었다. 세월이 흐르고 교통수단이 현대화되면서 3세대 경영에 뛰어든 손자 에밀 에르메스는 미국의 자동차 산업의 성장을 지켜보며 사업의 방향을 바꾸어 가죽 가방과 소품을 만들기 시작했다. 그리고 자동차 용품과 의류, 벨트, 장신구 등으로 제품의 영역을 다양하게 확장시켜나갔다.

에르메스의 켈리백과 버킨백은 초고가 명품백으로 분류되나, 돈만 있다고 살 수 있는 것이 아니다. 수작업으로만 이루어진 생산 방식을 고수하다 보니 마음에 드는 가방을 주문하려면 대기자 명단에 이름을 올리고 최소 2년이 넘게 기다려야 한다. 그러나 에르메스는 이러한 제한적 공급량에 대한 소비자들의 원성에 개의치 않고 그해에 자신들의 기준에 맞는 가죽이나 부자재가 없을 경우에는 어떤 제품이든 생산을 아예 포기하기도 한다고. 예를 들어 2007년 금융위기의 여파로 금값이 치솟았을 때 내부에서는 가방 잠금쇠의 금 함량을 낮추자는 건의가 있었다. 그렇게 하더라도 겉으로는 전혀 표시가 나지 않는다는 것이 이유였다. 그러나 장인들이 8년 후 고색창연한 녹색을 띠려면 현재 수준을 유지해야 한다는 의견을 내놓자 이 생산 비용 절감 아이디어는 즉각 폐기되고 말았다.

*루이 뷔통LOUIS VUITTON

루이 뷔통은 1821년 프랑스의 안쉐라는 작은 마을에서 대대로 목수를 하던 집안에서 태어나 어린 시절부터 목공 일을 배웠다. 파리에 대한 동경으로 무작정 파리로 간 그는 당시 유명한 가방 장인이었던 무슈 마레샬 아래에서 견습생으로 일을 하기 시작했다.

루이 뷔통의 정식 회사명인 '루이 뷔통 말레티에Louis Vuitton Malletier'에서 '말레티에'는 '말레Malle를 만드는 사람'이라는 뜻으로 말레는 트렁크를 뜻한다. 1800년대 파리 귀족들은 여행을 할 때마다 수십 개의 나무 트렁크에 화려한 옷들을 담아 마차에 싣고 다녔다. 당시 트렁크는 무겁고 뚜껑이 둥근 형태였다. 그런데 루이 뷔통이 1858년 선보인 트렁크는 세계 최초의 평평한 사각형 트렁크로 짐칸에 여러 개를 겹쳐 쌓을 수 있도록 했다. 그리고 캔버스 천에 풀을 먹여 방수 처리를 한 그레이 트리아농 캔버스Gray Trianon Canvas로 만들어 비가 와도 끄떡없고 가볍기까지 했다. 이렇듯 섬세한 손재주와 목공 기술을 살려 특별 제작한 여행 트렁크로 루이 뷔통은 엄청난 성공을 거두었다.

　오늘날 루이 뷔통의 상징이 된 모노그램monogram은 1896년 루이 뷔통의 아들인 조르주 뷔통Georges vuitton이 창업자에게 경의를 표하는 의미로 그의 이니셜인 'L'과 'V'가 비스듬히 겹쳐지고 꽃과 별이 교체되는 패턴을 만든 것이다. 제품에 브랜드 로고를 프린팅한 것은 루이 뷔통의 모노그램이 최초였다.

2장

MZ세대와
브랜드

"야, 그러다 폰 속으로 들어가겠다."

현서가 화장실에 갔다가 자리로 돌아오는데 뒷자리에 앉은 채윤이 정지 화면처럼 핸드폰을 뚫어져라 들여다보고 있다.

"뭐야? 뭔데?"

이어폰을 한쪽만 낀 채로 영상을 보고 있던 채윤이 눈길도 돌리지 않은 채 대답했다.

"어? 어, 이거 하울 하는 거."

"뭔 울?"

처음 들어보는 단어에 고개만 돌리고 있던 현서가 아예 채윤을 향해 돌아앉았다. 그런데 채윤은 그저 빙그레 웃으며 핸드폰만 보고 있다. 답답해진 현서가 채윤이 들고 있는 핸드폰 화면을 손바닥으로 가리며 채근하듯 다시 물었다.

"아, 그 울이라는 게 뭐냐고!"

그제야 채윤은 고개를 들고 현서를 쳐다보며 한심하다는 듯한 표정을 지었다.

"야, 김현서. 요즘 중딩이 하울이 뭔지 모르면 어쩐다니? '하울'이 뭐냐면 말이지, 원래 영어 단어로 'haul'은 무거운 것을 힘들여 끌어당긴다는 뜻인데 요즘 유튜브나 인터넷 방송에서 물건을 한꺼번에 왕창 산 다음에 하나씩 제품 품평회를 하는 동영상을 지칭하는 말로 쓰이고 있지."

"뭐야, 그러니까 남이 쇼핑한 물건을 같이 구경하는 영상이란 말이야?"

"말하자면 그런 거지."

현서는 어이가 없다는 듯 채윤을 쳐다보았다.

"도대체 그런 걸 왜 봐?"

"생각을 해봐. 그렇게 많은 물건을 한 번에 살 수 있는 사람이 얼마나 되겠어? 다 대리만족인 거지. 하울은 역시 명품 하울이야. 온갖 명품 브랜드들을 돌면서 한꺼번에 싹쓸이! 완전 부러울 따름이야."

다시 핸드폰 화면으로 눈을 돌리던 채윤이 야단스럽게 현서의 팔을 흔들었다.

"우와, 이거 좀 봐봐! 이것들 다 합치면 대체 얼마야?"

채윤이 현서 쪽으로 돌려준 핸드폰 화면 속에는 예쁘장하게 생긴 젊은 여자가 까만 샤넬 박스 안에서 손바닥 두 개를 합친 것만한 하얀색 가방 하나를 막 꺼내고 있는 중이었다. 그녀의 주위에는 몇 개인지 셀 수도 없는 크고 작은 명품 브랜드의 박스들이 아무렇게나 쌓여 있었다.

'아니, 내가 그럴 만한 능력이 안 되니까 이런 걸 본다는 게 말이 돼? 남이 쇼핑한 거 자랑하는 걸 보면서 대리만족을 느낀다고?'

책상 앞에 앉아서 숙제를 하던 현서는 힐끔 뒤를 돌아보았다. 뒤돌아 앉아 있는 은서의 등에 마치 '말 시키지 마시오'라고 쓴 스티커라도 붙어 있는 것 같다. 지난번 거실에서의 일 이후 은서는 며칠째 현서를 본척만척하며 데면데면하게 구는 중이다. 현서는 뭔가 결심한 듯한 표정으로 큼, 큼, 하고 목을 가다듬었다.

"어이, 룸메. 나 뭐 하나만 물어봐도 돼?"

잠시 뜸을 들이던 은서가 여전히 등을 보이고 앉은 채로 대답했다.

"뭐. 또 시비 걸게?"

따끔따끔 가시가 박힌 말투다. 현서는 '저게……' 하며 올라오려는 짜증을 꾹 하고 눌렀다.

쇼호스트 엄마와 쌍둥이 자매의 브랜드 인문학

"야아, 아직도 삐진 거야? 나 진짜 궁금한 게 있어서 그래."

한껏 나긋한 현서의 목소리에 그제야 은서가 뒤를 돌았다.

"아, 뭔데?"

"너, 하울이라고 알아?"

"하울? 유튜브에 뜨는 그 하울?"

"응."

"당근 알지. 그거 쇼핑 왕창하고 플렉스하는 거잖아."

"플렉스?"

은서가 포옥 하고 한숨을 쉬는 시늉을 했다.

"하울도 몰라, 플렉스도 첨 들어. 혼자 어디 딴 나라에 사냐, 김현서?"

현서는 은근한 은서의 비아냥을 모른 척 넘기고 재차 물었다.

"채윤이한테 하울은 들었어. 근데 플렉스는 또 뭐지?"

"플렉스flex는 원래 몸을 구부리다, 몸을 풀다라는 뜻인데 힙합 음악을 하는 래퍼들이 재력이나 명품을 과시하는 걸 '플렉스'라고 부르기 시작하면서 '뽐내다'라는 의미로 쓰이고 있지. 한 마디로 말해서 대놓고 자랑하는 거야. 언더스탠드?"

똑똑. 그때 누군가 쌍둥이의 방문을 두드렸다.

"들어오세요."

"우리 공주님들 열공 중?"

문이 열리고 과일 접시를 든 엄마가 방 안으로 들어섰다.

이서 씨에게는 주말이 따로 없다. 맞벌이 부부가 많은 시대다 보니 주말에 홈쇼핑 시청률이 제일 높기 때문이다. 그리고 저녁 이후의 삶도 사치에 속한다. 한창 인기 있는 TV 프로그램의 방송 시간이 끝나고 나면 홈쇼핑 채널의 시청률이 올라가는데, 이런 프로그램들은 대개 밤 시간대에 몰려 있다. 그래서 쇼호스트인 이서 씨에게는 주말에 식구들과 놀러갈 계획을 짠다거나 퇴근을 하고 여유롭게 온 가족과 식탁에 모여 앉을 기회가 흔치 않다. 대신 방송 스케줄이 없는 평일이면 일찍 퇴근을 해서 쌍둥이를 챙긴다.

"한창 공부에 팍 하고 꽂혀 있었는데 언니가 말 거는 바람에 김 샜어."

은서가 포크로 찍어 올린 사과를 입으로 가져가며 말했다.

"현서가?"

"오늘 학교에서 친구가 유튜브로 하울 영상이란 걸 보여줬는데 전 처음 봤거든요. 엄마도 아세요? 하울도 모르냐고 어찌나 구박을 하던지. 그래서 나중에 유튜브에 '하울'이라고 쳐봤더니 진짜 엄청나게 많은 영상들이 뜨더라고요. 근데 '언박싱'을 하고 있는 사람들이 하나같이 되게 젊은 언니 오빠들이던데 어떻게 그렇게 엄청난 쇼핑을 할 수가 있죠?"

어쩐지 얘기가 길어질 것 같다는 예감이 든 이서 씨는 쌍둥이가 앉아 있는 의자 사이를 지나 은서의 침대 위에 걸터앉았다. 그사이 현서는 쉬지 않고 말을 이어갔다.

"사실은 채윤이가 그런 걸 보고 있어서 좀 더 놀랐어요. 평소에 명품이나 이런 거에 전혀 관심이 없어 보였거든요. 비싼 걸 갖고 다니는 것도 못 본 것 같고……. 하긴 요번에 자기가 사고 싶은 지갑이 있다면서 사진을 보여준 적은 있어요. 완전 비싼 거라고 하면서요. 그래도 화연이네처럼 집이 아주 부자거나 돈 버는 직장인도 아닌데 학생들이 그런 걸 사는 건 아무래도 좀……."

"어라? 그러면서 왜 날 쳐다봐?"

은서가 사과를 오물거리다 말고 현서를 향해 눈을 치켜떴다. 그러자 이서 씨가 잽싸게 끼어들었다.

"워워, 얘들아. 너희들 MZ세대라고 들어봤니?"

브랜드 시장의 무서운 아이들

 이서 씨

MZ세대란 1980년대 초에서 2000년대 초에 태어난 밀레니얼 세대인 M세대와 1995년 이후에 태어난 10대 청소년부터 20대를 뜻하는 Z세대를 합쳐서 부르는 말이야. MZ세대의 중심은 10대부터 30대 초반까지인데, 이 MZ세대가 '역대 최대 소비 계층'이라고 하더구나. MZ세대는 무려 국내 인구의 34%를 차지하면서 소비 시장에서 막강한 파워를 자랑하고 있지.

코로나가 유행한 이후로 세계 경제와 소비 시장이 상당히 위축되었지만 한국의 명품 시장은 거의 '무풍지대'라고 할 수 있을 정도로 오히려 호황을 맞았지. 다른 분야는 모두 매출이 쪼그라들었는데 명품 브랜드들은 홀로 15%가 넘는 매출 증가를 기록했거든. 그만큼 한국의 명품은 현서 네 말처럼 특정 계층이 아니라 대중적인 수요라는 거야. 그중에서도 MZ세대의 파워가 어마어마하단다. 2019년 자료에 따르면 글로벌 명품 매출 가운데 MZ세대의 소비 규모가 30% 수준이고, 한 통계 조사에 따르면 '명품을 사본 경험이 있다'고 대답한 10대가 무려 50%를 넘었다고 해. 이들은 명품을 '사치품'으로 보기보다 원한다면 '얼마든지 나도 가질 수 있는' 것, 혹은 '일상 소비'의 하나로 보는 거지.

그런데 MZ세대의 명품 소비에는 그만의 특징이 있어. 주위 또래 그룹의 영향을 많이 받고 자신의 만족감을 중요하게 생각해. 그리고 요즘 온라인 중고 시장이 워낙 활성화되어 있다 보니까 옛날처럼 고가 명품을 하나 사서 대대로 물려줄 생각을 하는 게 아니라 명품의 품질을 경험하고 명품을 소유했다는 자기만족을 적당히 누린 다음 잽싸게 중고로 파는 경우가 많아. 그래서 MZ세대는 명품을 감히 범접할 수 없는 '그림의 떡'으로 보지 않고 명품 브랜드에서 물건을 사는 것을 하나의 '경험'이라고 생각하는 경향이 강한 거야. 그래서 하울이나 플렉스를 '사치스러운 돈 자랑'이라기보다는 일종의 소비 놀이로 받아들일 수 있는 거지.

⋯⋯⋯⋯⋯⋯⋯⋯⋯⋯⋯⋯⋯⋯⋯⋯⋯⋯⋯⋯⋯⋯⋯⋯⋯⋯⋯⋯⋯⋯

"어, 중요한 한 가지가 빠졌는데요?"

엄마의 얘기를 듣던 은서가 불쑥 끼어들었다.

"응? 그게 뭐지?"

"아이참. 지난번에 언니랑 명품 가지고 한판 붙었을 때는 '샤에루(샤넬, 에르메스, 루이 뷔통의 합성어)' 얘기만 했잖아요. 물론 샤에루가 최고인 건 맞지만 올드하다구요. 요즘은 그렇게 온몸으로 '나 엄청 비싼 명품이야!'를 외치는 애들보다 독특한 디자인으로 아는 사람만 알아보는 그런 브랜드가 찐이라구요. 예를 들면 빨간색 하트나 여우, 독일군 스니커즈……."

빨간색 하트나 여우……? 그런 브랜드가 있다고? 한 번도 들어보지 못한 알쏭달쏭한 브랜드 이름에 현서가 고개를 갸웃거리고 있는 사이, 옆에 있던 엄마는 손뼉을 치며 맞장구를 쳤다.

"그렇지, 그렇지. 그 브랜드들이 올해 상반기에만 매출이 두 배로 뛰었다고 하더라. 비교적 짧은 역사를 가진 브랜드들인데도 말이야. 가격대도 만만치 않을걸?"

역시 쇼호스트 엄마 최고! 척, 하면 척, 하고 알아듣는다. 은서는 신이 난 목소리로 말했다.

"어우, 독일군 스니커즈는 40만 원도 넘어요. 다른 브랜드들도 티셔츠 하나가 보통 20만 원씩 하고요. 모르는 사람들이 보면 너무 평범해서 '에게, 이게 뭐라고 그 돈을 주고 사?'라고 하지만 브랜드를 좀 안다, 하는 애들 눈에는 딱 티가 나죠. 그래서 애들이 더 좋아하는 거고요."

"참 영리한 브랜드들이란 말이야. 빨간 하트나 여우 머리, 삼색선처럼 독특한 로고를 활용해서 브랜드 이름이 자동으로 떠오를 수 있게 만들다니 말이야. 게다가 전문 모델들 대신 MZ세대에 인기 있는 연예인들한테 제품을 입게 해서 브랜드의 인기도 덩달아 뛰었잖아."

"그 영리한 브랜드라는 게 뭔지 모르는 사람은 저밖에 없나 보죠? 흥……."

혼자만 말을 보탤 틈을 찾지 못해 뾰로통해진 현서가 투덜거렸다. 그러자 은서가 고소하다는 듯 미소를 지으며 말했다.

"아미, 메종 키츠네, 톰 브라운을 말한 거야."

"이런 브랜드들을 신新 명품이라고도 부른단다. 생긴 지 얼마 되지 않아서 '신'이 붙기도 하지만, 동시대적인 감각을 대변하는 컨템퍼러리contemporary(동시대) 브랜드로 기존의 명품들과 대비된다는 의미에서 '신 명품'이라고 부르는 거지. 이런 브랜드들의 매출이 급상승한 것은 가격이 비싸더라도 새롭고 개성이 있으면 사고 보는 MZ세대의 소비 성향이 반영된 결과라고 볼 수 있어."

"암만 그래도 10대 아이들이 차지하는 비중은 얼마 안 되겠죠."

현서가 잔뜩 의문스러운 목소리로 말했다.

"응, 엄마도 처음에는 그렇게 생각했지. 그런데 요즘은 집집마다 자녀 수가 많지 않다 보니 예전보다 용돈도 넉넉해졌고, 아이들도 집안 형편에 구애를 덜 받다 보니 쉽게 물건을 사는 경향이 있어. 이 브랜드 시장의 '예비 큰손' 덕분에 많은 변화가 생겼지.

온라인 쇼핑을 선호하는 Z세대들로 인해서 카카오페이나 네이버 페이와 같은 인터넷 전문 은행들이 기업 가치가 무려 10조 원이 넘는 회사로 성장했고, 10대들만을 위한 온라인 카드도 나와서 이제 더 이상 '엄카(엄마 카드)'가 필요 없게 됐지. 이러니 기업들도 10대 소비자들을 겨냥한 마케팅과 홍보 전략에 열을 올릴 수밖에. 요즘 TV를 보다 보면 광고들이 얼마나 통통 튀는지 말이야. 어떤 때는 광고 카피조차 무슨 뜻인지 한참 곱씹어야 이해가 되더라니까. 언빌리버블! 이 엄마가 그렇게 구세대는 아니지 않니, 애들아?"

엄마의 넉살에 조금 전까지 심각한 표정을 짓고 있던 현서도 은서와 나란히 웃음을 터트렸다.

"그래도 이렇게 명품 소비층이 점점 낮아지는 현상이 걱정되는 점은 있지. 자기만의 기준이 확고하게 서 있는 소비가 아니라 그저 친구들이 사니까 나도 사야만 할 것 같은 유행 소비 심리 때문은 아닐까 하는 생각이 들어서 말이야."

우리들의 난치병

"저도 그 점이 궁금했어요."

현서가 의자에서 일어나 자신의 옷장 앞으로 다가가며 말했다. 그러고는 문을 열고 검은색 겨울 점퍼 하나를 꺼냈다.

"은서가 몇 년 전 사서 한 해 열심히 입고는 자기 옷장에 자리가 없다면서 제 옷장에 걸어놓은 거예요. 그런데 그다음부터는 도무지 입을 생각이 없는 것 같아서 이제는 제가 입고 있죠."

그 점퍼는 애들 사이에서 엄청나게 유행하는 바람에 비싼 가격으로 부모의 등골을 휘게 만들었던 '등골 브레이커'였다.

"이 옷이 왜 등골 브레이커가 된 줄 아세요? 강남에 사는 애들이 교복처럼 입고 다녔기 때문이래요."

"그래, 저 옷 기억난다. 처음엔 그냥 귀 딱 닫고 있으면 어물쩍 넘어갈 수 있을 줄 알았는데, 어휴, 어찌나 끈덕지게 조르던지……."

이서 씨가 은서를 쳐다보며 혀를 찼다. 은서는 어깨를 한 번 으쓱하더니 엄마의 시선을 피해 슬그머니 고개를 돌렸다.

"그런데 엄마가 학교 다니던 시절에도 등골 브레이커가 있긴 했어. 나이키 운동화, 리바이스 청바지…… 추억이 새록새록 하네. 흐흐흐. 엄마도 할머니한테 나이키 운동화가 갖고 싶다고 무지하게 졸랐었거든. 근데 언젠가부터 이놈의 등골 브레이커가 브랜드도 가격도 어찌나 뻥튀기가 됐는지, 이제는 말 그대로 진짜 '등골 브레이커'라니까."

"왜 그렇게 다들 똑같은 것들을 사지 못해 난리인 걸까요? 빨간 하트나 여우 머리가 뭔지는 몰랐지만 저도 애들 사이에서 뜨는 브랜드 몇 개는 알아요. 슈프림이나 오프 화이트 같은 거요."

새롭게 등장한 브랜드 이름에 은서가 대번에 반응을 했다.

"어쭈, 제법인데?"

현서는 신기하다는 듯 쳐다보는 은서를 무시하고 계속해서 말을 이어갔다.

"슈프림은 영문으로 된 브랜드 로고를 옷이며 가방, 모자 같은 데서 하도 많이 봐서 아는 거고 오프 화이트는 예전에 채윤이가 말해줘서 알았어요. 아무리 현대적 감각과 개성이 무기라지만, 전 어쩐지 브랜드의 온라인 마케팅 전술에 소비자들이 현혹된 게 아닌가 하는 생각이 들더라고요. 이건 약도 없는 중독 같아요."

이서 씨는 생각에 잠긴 표정으로 턱을 괸 채 딸의 이야기를 듣고 있었다.

"흠, 하긴 많은 사람들이 특정 브랜드를 지나치게 고집하는 걸 중독이라고 볼 수도 있겠지. 그렇지만 어떤 이들은 그 브랜드가 자신의 개성을 드러내준다고 생각할 수도 있지 않을까?"

그러자 현서는 단호한 눈빛으로 대답했다.

"그게 문제예요. 어떤 브랜드를 선택하느냐가 나라는 사람을 드러내는 주요 방법이 될 수 있다고 생각하는 거요. 사람 자체가 아니라 쓰다가 언젠가는 버릴 물건으로 나의 정체성을 보여줄 수 있다는 건 뭐가 좀 잘못된 거죠."

현서는 어렸을 때부터 그랬다. 질문을 하나 던지면 또 다른 질문으로 답을 하고 저만의 논리가 가다듬어지고 나면 스스로 물러서기로 결심이 설 때까지 완강하게 버텼다. 그래서 이서 씨는 아이보다 '한 수 위'가 되기 위해 골치를 썩곤 했었다.

"사람들이 브랜드에 집착하게 되는 이유는 몇 가지가 있어. 개인적인 특성과 환경 그리고 브랜드의 특징이 결합되는데 특히 우리나라는 남들이 나를 어떻게 볼 것인가에 크게 신경을 쓰는 사회적 특성까지 더해지지. 그래서 사람들은 브랜드가 가진 상징적인 힘으로 자신감을 얻으려고 하는 거야. 그러다 보니 브랜드에 점점 더 빠져들게 되는 거고. 그건 현서 말대로 약도 없는 중독이라고 볼 수 있지만, 시대와 환경이 변하면서 지금의 MZ세대들에게 브랜드는 옛날과는 좀 다른 의미의 발톱이 됐지. 소비자들에게 각인되는 브랜드의 발톱 효과뿐만 아니라 다른 사람들에게 나를 각인시키는 발톱 효과도 아주 중요해졌거든."

브랜드는 아이덴티티(identity)이다?

 이서 씨

홈쇼핑 일을 하다 보면 참 많은 사람들을 만나게 되는데 처음 만나는 사이에 심지어 세대가 달라도 같은 브랜드의 물건을 가지고 있으면 대화의 첫마디가 "어? ○○○ 브랜드 쓰시네요?"가 되는 경우가 많아. 그러면서 어떤 동질감 같은 걸 느끼는 거지.

그런데 아이러니한 것은 우리가 어떤 브랜드를 선택하는 목적은 동질감을 느끼기 위한 것이 아니라 다른 사람과 차별화되고 싶어서거든. '나는 남과 다르다'는 것을 인정받기 위해서라고나 할까. 그래서 엄청나게 비싸서 아무나 가질 수 없는 브랜드의 제품을 사는가 하면 아직 대중적으로 잘 알려지지 않은 새로운 디자이너 브랜드의 제품을 사기도 하지. 심리학에서는 이걸 '독특성 욕구'라고 부르는데, 한 가지 흥미로운 사실은 소득 수준이 높을수록 그리고 나이가 어린 10대로 갈수록 이 독특성 욕구가 더 높게 나타난다는 거야. 그래서 MZ세대가 개성이 강하고 아이덴티티가 뚜렷한 브랜드에 더욱 열광하는 것일 수도 있지.

현서는 브랜드가 나라는 사람을 드러낼 수 있는 주요 방법이 되는 게 이해가 되지 않는다고 했지만 사람들이 어떤 브랜드를 선택하느냐를 통해 자신의 기호나 개성, 고유함을 드러내고 싶어 하는 것은 심리학적으로 매우 자연스러운 현상이야. 코코 샤넬조차 "당신이 무엇을 쓰느냐에 따라서 당신을 알 수 있다."라고 했거든. 결국 어떤 브랜드를 좋아하고 즐겨 사용하는가가 그 사람의 정체성을 반영하게 되는 거야. 사람들이 삼성폰 vs 애플폰, 나이키 vs 아디다스를 따지며 편을 가르는 건 결국 브랜드가 아이덴티티이기 때문인 거지.

"옳소!"

은서가 박수를 치며 휘파람을 부는 시늉을 했다. 그러고는 엄마를 향해 엄지손가락을 척 하고 치켜들었다.

"역시 우리 엄마란 말씀이야, 히힛. 저도 나중에 엄마처럼 쇼호스트가 될까 봐요."

"정신 차려, 김은서. 쇼호스트가 쇼핑만 좋아한다고 되는 줄 알아? 넌 엄마의 안목을 따라가려면 하안~참 멀었거든."

은서는 헤헤거리던 웃음을 멈추고 얄밉다는 듯 현서를 흘겨보았다.

"이거 왜 이러실까. 아까 엄마가 '자기다운 브랜드'가 늘어나고 있다고 하신 말씀 못 들었어? 내 쇼핑은 줏대가 아주 확실하다구."

은서가 뭔가 중대한 선언이라도 하는 것 같은 어조로 말했다. 그러자 그런 딸을 흥미로운 눈으로 쳐다보고 있던 이서 씨가 물었다.

"그래? 그럼 은서가 생각하는 자기다운 브랜드란 뭐지?"

은서

음……. 브랜드의 '자기다움'이란 브랜드의 이름이나 로고, 광고처럼 눈에 보이는 것만을 의미하는 건 아니에요. 그것만 가지고는 브랜드라는 말의 어원처럼 사람들의 머릿속에 뚜렷한 '발톱' 자국을 남기는 진정한 '낙인 효과'를 내기가 힘들거든요. 특히 요즘처럼 브랜드가 홍수를 이루는 무한 경쟁 시대에는 말이에요. 브랜드가 가진 아이덴티티의 일부가 될 수는 있겠지만 '자기다움' 자체라고는 할 수 없어요. 그렇다고 언니가 계속해서 부르짖던 것처럼 품질이 브랜드의 전부라고 할 수도 없어요. 기술이 발전할수록 제품의 품질만을 따지는 것 역시 의미가 없죠. 비슷비슷하게 좋은 물건들은 얼마든지 있으니까요.

브랜드의 '자기다움'이란 이 모든 것들, 그러니까 검증된 품질과 브랜드의 감성을 보여줄 패키지 디자인, 광고 비주얼 같은 것들을 다 아우르는 브랜드의 철학이에요. 그래야 소비자들에게 하나의 이름으로 확실하게 기억될 수 있어요. 브랜드의 철학은 그 브랜드의 탄생과 직결되는 기본 메시지라고 할 수 있죠.

2006년 스웨덴에서 출범한 고가의 향수 브랜드인 '바이레도'는 짧은 시간 안에 큰 성공을 거두며 니치 향수의 강자로 떠올랐어요. 니치nicchia 향수란 이탈리아어 '니치'에서 유래된 말로 '틈새'를 의미하는데, 소수의 제한된 고객들의 취향을 만족시키기 위한 희소가치가 높은 프리미엄 향수를 뜻해요. 비싼 가격을 지불하더라도 남과 다른 나만의 향수를 원하는 소비자를 대상으로 하는 거죠. 이 브랜드의 성공 비결이 바로 브랜드의 '자기다움'이에요.

우선 이름부터가 특이하잖아요? 바이레도의 창립자인 벤 고햄 Ben Gorham은 잠깐 반짝 빛나고 마는 게 아니라 100년이 지난 뒤에도 신선하게 느껴질 이름을 만드는 게 목표였대요. 그래서 고민에 고민을 거듭한 끝에 기억에 남는 향기를 의미하는 '레돌런스 redolence'라는 단어에 '바이by'를 조합해서 '바이레도Byredo'라는 이름을 만들어낸 거예요. '향기에 의한'이라는 의미로요. 물론 세상의 어느 사전에도 존재하지 않는 신조어죠.

2006년 바이레도의 첫 향수가 나오자 순식간에 사람들의 시선을 끌었어요. 향기가 신선했거든요. 보통 향수는 60~70가지 정도의 원료를 사용해서 향을 만드는데, 이 회사의 향수는 열 가지 이내로 수를 제한해서 재료가 가진 본연의 향을 표현하려고 했어요. 이 때문에 싫어하는 사람들도 많지만 아랑곳하지 않았죠. 정체성은 타협하는 게 아니니까요.

향수 얘기가 나왔으니 또 이 브랜드 얘기를 안 할 수가 없네요. 미국의 고급 향수 브랜드 '르 라보LE LABO' 말이에요. '르 라보'는 불어로 '실험실'을 뜻하는데, 에디 로쉬Eddie Roschi와 파브리스 페노Fabrice Penot가 2006년 미국 뉴욕에 작은 실험실처럼 생긴 첫 매장을 열었어요. 고객이 전문가의 도움을 받아 자신이 원하는 향을 즉석에서 조합하고, 원하는 문구를 넣은 향수 라벨을 붙여주는 맞춤형 서비스를 제공했어요. 진짜 세상에 하나밖에 없는 나만의 향수를 갖게 되는 거죠.

바이레도만큼이나 혜성처럼 등장해서 확고한 철학과 '자기다움'으로 사람들의 마음을 사로잡은 브랜드가 또 있죠. '파란 병' 로고로 유명한 '블루보틀Blue Bottle' 커피요. 커피 맛은 아직 잘 모르지만 하얀 바탕에 파란 병이 그려져 있는 로고는 진짜 딱 제 스타일이에요. 이 단순한 로고처럼 블루보틀의 아이덴티티 역시 아주 단순명료해요. '최고의 커피 맛.'

블루보틀은 로스팅을 한 지 48시간이 지나지 않은 스페셜티 원두만을 쓰는 게 철칙이라고 해요. 커피 잔은 커피를 다 마실 때까지 커피를 가장 맛있게 즐길 수 있는 사이즈 하나뿐이고, 매장도 손님들이 오직 커피 맛을 즐기는 데만 집중하도록 무료 와이파이와 충전용 전기 콘센트까지 다 없애버렸다죠. 딴짓하지 말고 커피만 열심히 마시라고요. 큭큭큭.

블루보틀의 성공 비결 역시 한 마디로 요약하자면 '완벽주의자의 집착'인 거죠. 이런 '자기다움'을 지켜가는 일은 결코 쉽지 않아요. 친구들 때문에 별로 내키지 않는 일에 덩달아 휩쓸려가기도 하고, 그게 싫어서 버티다 보면 나 혼자만 따로 노는 것 같고……. 그렇지만 결국 승자는 '자기다움'을 꿋꿋하게 지킨 쪽이에요.

"저도 본 적이 있어요. 파란색 병이 찍힌 흰 텀블러요. 우리 반 어떤 애가 되게 유명한 카페에서 산 거라고 자랑을 하더라고요. 그래서 찾아봤죠."

현서가 한숨을 폭 하고 내쉬더니 말을 이어갔다.

"근데 한국 블루보틀의 커피 값이 가까운 일본보다 10%나 더 비싸다는 거 아세요? 그 이유가 뭘까요? 고가의 희소성 있는 브랜드라면 돈을 아끼지 않는 한국 소비자들의 심리를 이용한 건 아닐까요? 한국에 첫 매장이 문을 열었는데 3일 만에 매출이 6,000만 원으로 전 세계 블루보틀 매장 70여 곳의 하루 매출을 모두 합친 것보다 많았대요. 와······. 그 커피가 파란색 병이 찍힌 흰 머그잔이 아니라 다른 커피 잔에 담겼어도 사람들이 맛만 보고 '최고의 커피'라고 알아볼까요?"

"흠, 글쎄다. 네 말을 듣고 보니 요즘은 작은 동네에도 훌륭한 기술을 가진 바리스타들이 하는 카페들이 생겨서 아주 근사한 커피를 마실 수가 있긴 하지."

"맞아요. 브랜드를 떼고 보면 비슷비슷하게 구분이 가지 않는 제품들이 얼마나 많은지 몰라요."

이서 씨는 오랫동안 쇼호스트로 일을 하면서 새로운 브랜드 제품들을 만날 때마다 기존 브랜드와의 차별점을 찾아내기 위해 얼마나 고심하는지를 떠올렸다.

"엄마도 일을 하다 보면 유행에 휩쓸려서 시장을 쫓아다니기만 하는 브랜드들을 많이 보곤 해. 그래서 비슷비슷한 제품들이 넘치는 것처럼 보이지. 그런데 진짜와 가짜의 차이는 언젠가는 드러나게 되어 있어. 이미 너무나 많은 브랜드들이 치열하게 전쟁을 벌이고 있는데 살아남는 승자가 되려면 나만의 무기가 있어야 하지. 그게 바로 브랜드의 아이덴티티이고 철학이고 자기다움이잖아. 이런 게 없는 브랜드들은 오래 버티지 못해. 모래 위에 지은 집처럼 쉽게 무너지고 마는 거야. 그래서 '철학이 없는 브랜드는 껍데기다'라는 말이 나온 거고."

엄마의 이야기를 골똘히 듣던 현서가 물었다.

"은서가 말한 '자기다운 브랜드'나 엄마가 말씀하신 '나를 표현할 수 있는 브랜드'를 선택하고 싶은 마음은 누구나 있겠죠. 그렇지만 각자 주머니 사정이라는 게 있잖아요. 그래서 가성비를 따지게 되는 거고요. 브랜드보다는 가격 대비 성능이 중요하다고 생각하니까요."

현서의 말이 끝나기가 무섭게 은서가 톡 하고 끼어들었다.

"가성비만 있는 게 아니지! 가심비라는 말 몰라?"

가성비 vs 가심비

은서

사람이 로봇도 아니고 어떻게 쇼핑을 하면서 따박따박 가격표랑 품질만 따지겠어요? '아, 이거 딱 내 거다!' 싶은 물건이 눈에 띄면 무슨 핑계와 이유를 갖다 붙여서라도 사고 싶고, 그래서 석 달을 모은 피 같은 용돈에 다음 달 용돈까지 당겨쓰는 대형 사고를 치더라도 일단 저지르고 보는 거죠. 브랜드가 소비자를 '심쿵'하게 만들면 지갑은 그냥 열리게 되어 있는 거라고요.

애초에 플렉스의 출발점이 바로 이 가심비예요. 가격 대비 심리적 만족감 말이에요. 그렇지만 언니 말처럼 주머니 사정이라는 게 한계가 있죠. 그러니까 우리가 일상적으로 소비하는 물건들, 말하자면 생필품이나 식품 같은 거에는 가성비를 따지고 나의 취향을 드러내줄 물건에는 가심비를 따지는 거예요.

언니는 브랜드에 '중독'된 게 아니냐고 했지만, 그런 걸 '디깅 소비'라고 해요. '디그dig(구멍을 파다)'라는 말의 의미처럼 내가 좋아하는 특정 브랜드에 대해 한 우물을 파듯 지속적으로 관심을 갖는 거죠. 앞에서 우리가 얘기했던 신 명품 브랜드들의 매출이 많게는 300%까지 급증한 것도 이런 이유 때문이라고 볼 수 있어요. 요즘은 가성비보다 가심비가 중요한 시대니까요.

사실 소비자들이 이 가심비에 더 주목하게 된 것은 제품의 안전성이 사회적인 문제로 떠오르면서부터라고 해요. 살충제 계란에 발암 물질 생리대, 햄버거병 같은 것들이 뉴스에 떠들썩하게 보도가 된 탓에 사람들은 가격만 따져서 '무조건 싼 것'을 찾기보다 좀 비싸더라도 안심하고 쓸 수 있는 마음의 안정을 가져다줄 제대로 된 물건을 선택하게 된 거죠. 이렇게 심리적 만족을 주는 소비는 점점 그 의미가 확대되면서 가심비라는 말이 탄생하게 되었고, 건강과 안전을 염려하는 이들이 늘어날수록 가심비에 더욱 집중하게 된 거예요. 내가 행복한 게 제일 중요하니까요.

　경제 불황이 지속되는 상황에서도 사람들이 예전만큼 가성비를 쫓지 않아요. 이왕 쓰는 돈이라면 내가 사는 물건이 얼마나 나를 만족시켜줄 것인가를 중요하게 생각하는 거죠. 이쯤에서 전 언니가 마음속으로 무슨 생각을 하고 있는지 다 알아요. 쌍둥이라서가 아니라 김현서라면 이러겠죠. '그렇다면 적당히 만족할 만한 품질에 적당히 저렴한 걸 찾으면 되겠네!' 내 말 맞지, 언니? 그렇지만 가성비와 가심비를 고루 만족시켜주는 물건이란 환상이야. 싸고 좋은 명품이란 존재할 수 없는 것처럼 말이지.

　"결국 싼 게 비지떡이라는 말을 빙빙 돌려서 하는 거지?"

　현서가 침착한 목소리로 입을 열었다.

　"하지만 꼭 그렇기만 할까? 가성비를 넘어선 '갓성비'라는 말, 들어봤을 거야. 이 갓성비 시장의 주요 고객 역시 MZ세대란 말씀! 갓성비의 대표 주자로 꼽히는 중국의 샤오미만큼 별명이 많은 브랜드도 없을 거야. 애플 제품들과 비슷해 보여서 '짝퉁 애플', 그런데 가격 대비 성능이 의외로 뛰어나서 '대륙의 실수', 핸드폰부터 보조 배터리, 청소기, 선풍기, 드론, 우산, 여행용 가방까지 안 파는 물건이 없다고 해서 '대륙 만물상'······ 처음에는 다들 얼마 버티지 못할 거라고 했지만 웬걸, 지금은 삼성보다 핸드폰을 더 많이 파는 강력한 라이벌이자 애플을 제치고 세계 시장 점유율 2위를 차지한 글로벌 시장의 호랑이로 등극했단 말이지. 이렇게 샤오미가 급성장을 하게 된 결정적인 이유는 무엇보다도 극한의 가성비였어. 샤오미를 창립한 레이쥔 회장은 '판매 마진을 5%로 제한하겠다'고 선언했지. 회사의 마진율을 희생해서 가격을 최대한 낮추되 성능은 가능한 한 최고로 높이려고 노력한 거야. 2011년에 처음 선보였던 샤오미의 스마트폰 MI1은 아이폰에 버금가는 최고 사양의 하드웨어를 장착했는데 가격은 아이폰의 3분의 1도 안 됐지. 한 마디로 말해서 미친 가격이었어. 다들 그걸 팔아서 돈이 남겠느냐고 걱정을 해줄 정도로 말이야. 그러니 이걸 누가 이겨? 그래서 '가성비' 하면 사람들이 자동으로 '샤오미'를 떠올리게 되는 가성비 브랜드로 각인됐지. 날카로운 브랜드의 발톱이 제대로 박힌 거야."

"샤오미야 당근 알지. 내 보조 배터리가 샤오미인데."

은서가 말했다.

"우리 집 로봇청소기도 샤오미야."

옆에서 엄마가 거들었다.

"아빠가 쓰시는 전동칫솔도 샤오미잖아요!"

현서가 신이 나서 말을 이어갔다.

"이거 봐, 이거 봐! 가성비라니까! 비싸고 좋은 거야 당연한 거지. 그렇지만 저렴하고 좋은 것도 찾으면 있다니까."

"잠깐!"

의기양양한 미소를 짓고 있는 현서를 향해 은서가 집게손가락을 치켜들며 소리쳤다.

"한 가지 짚고 넘어가야 할 게 있어."

"응? 그게 뭔데?"

옆에 있던 이서 씨가 현서보다 한 발 빨랐다.

"왜 우리가 샤오미 제품을 샀는가 하는 거 말이에요."

은서의 대답에 이서 씨는 잘 모르겠다는 듯 고개를 갸우뚱거렸다.

"전 샤오미 보조 배터리를 산 이유가 디자인이 애플 제품들이랑 비슷해서이기도 했지만 결정적인 이유는 가격이 싸니까 혹시 얼마 못 가 고장이 나더라도 그냥 버리면 되지, 그런 마음이었거든요. 엄마도 처음 로봇 청소기 사셨을 때 그런 생각해보신 적 없으세요? 그때 한참 살까, 말까, 고민하면서 저희들한테도 몇 번이나 물어보셨잖아요."

"음……. 그랬지. 그전에 로봇 청소기를 써본 적이 없어서 우리가 과연 이걸 얼마나 잘 쓸 수 있을지, 로봇 청소기라는 게 과연 얼마나 효과가 있을지 도무지 확신이 들지 않아서 말이야. 한두 푼 하는 것도 아니고. 그래서 단번에 비싼 걸 사기는 좀 그렇고 그냥 만만한 샤오미를 골랐던 거 같아. 쓰다가 마음에 들지 않거나 고장이 나도 좀 덜 아까울 테니까……."

"바로 그거예요!"

엄마의 말이 채 끝나기도 전에 은서가 의기양양한 목소리로 외쳤다.

"품질이 확실한 만큼 가격이 비싼 것 대신 품질에 대한 확신은 없지만 비슷한 성능에 저렴한 가격의 것을 고르는 이유요. 적당히 쓰다가 버리기 편해서 그런 거죠. 이게 바로 가성비의 함정이에요."

은서

패션에서 대륙의 만물상 샤오미 같은 존재가 바로 '패스트 패션' 브랜드들이에요. H&M, 자라ZARA, 톱숍topshop, 스파오SPAO, 에잇세컨즈8seconds 등이 대표적이죠. 한 회사가 의류의 기획과 디자인, 제조, 유통과 판매를 총괄하는 시스템이라 최신 유행 디자인의 제품들을 최대한 빨리 그리고 저렴한 가격으로 시장에 내놓는 게 이 브랜드들의 특징이에요. 그런데 이 가성비 '갑'인 패스트 패션에는 심각한 문제점들이 있어요.

패스트 패션 브랜드들이 글로벌 의류브랜드 가치 순위에서 10위권 내로 진입할 정도로 성장할 수 있었던 이유는 브랜드의 정체성이 아니라 다른 하이패션 브랜드들이 투자와 노력으로 만들어놓은 유행이라는 점이에요. 패스트 패션은 여기에 무임승차를 하고 있는 거라고요. 패스트 패션의 대표 주자인 한 브랜드는 유명 글로벌 브랜드들로부터 걸린 디자인 관련 소송이 50건이 넘는대요. 샤오미도 첫 제품이 나올 때부터 '애플 카피캣'이라는 별명이 꾸준하게 따라다니고 있잖아요.

두 번째 문제는 '쉽게 버릴 수 있다'는 거예요. 싸게 샀으니까 품질에 대한 기대치가 높지 않고 조금 낡았다 싶으면 미련 없이 버리는 거죠. 비싸게 산 물건이라면 어떻게 그럴 수가 있겠어요? 조심스럽게 사용하고 신경 써서 관리도 하고 고쳐가며 오래 쓰려고 하겠죠. 아무리 싸다고 해도 공짜는 아니에요. 그런데 싼 맛에 자꾸 새것을 사고 쉽게 버리는 일을 계속하다 보면 무시할 수 없는 지출이 돼요. 자기도 모르는 사이에요. 이걸 과연 합리적이라고 할 수 있을까요?

그리고 가성비에는 결코 가볍게 넘길 수 없는 결정적인 함정이 있어요. 우리가 가성비라고 하면 보통 소비자의 입장에서만 보는데, 기업의 입장에서 제품의 가격을 낮추고 가성비를 만들어내기 위한 가장 효과적인 방법은 바로 인건비를 줄이는 거거든요. 그래서 기업들이 경쟁적으로 노동자들의 복지 비용이 덜 들고 값싼 인력을 마음껏 쓸 수 있는 나라들로 공장을 옮기는 거예요. 빈곤국의 노동자들이 저임금에 열악한 근로 환경을 벗어날 수 없는 이유가 바로 여기에 있어요.

패스트 패션에 관한 기사를 찾다 보니까 베트남에 있는 세계적으로 유명한 패션 브랜드의 운동화 생산 공장에서 일하는 노동자가 이런 말을 했더라고요. 일주일에 6일, 하루 9시간이 넘게 일하면서 1,200켤레의 신발을 만들지만 자신의 월급으로는 그 운동화를 한 켤레도 살 수가 없다고요. 2013년 방글라데시 수도 다카에서 라나 플라자라는 8층짜리 건물이 붕괴되면서 1,100명이 사망한 사고는 유명하죠. 그때 사상자 대부분이 패스트 패션 브랜드에서 봉제 일을 하던 젊은 여성 노동자들이었다고 해요. 패스트 패션의 고도 성장이 노동력 착취를 발판으로 한 것이라는 비난을 면할 수가 없는 이유죠. 이렇게 악착같이 인건비를 줄이고 생산

해낸 '가성비'가 돋보이는 제품들을 시장에 내놓으면서 광고와 마케팅을 위해서는 비싼 인력을 고용하고 큰돈을 쓰는 기업들의 행태를 어떻게 봐야 할까요? 꼼꼼하게 만든 좋은 품질의 옷을 제값다 받고 비싸게 파는 브랜드나 그런 제품을 선호하는 소비자를 '사치스럽다'고 할 수 있을까요?

"브라보!"

이서 씨는 진지한 표정으로 긴 얘기를 단숨에 마친 둘째 딸의 상기된 얼굴을 처다보며 박수를 쳤다. 옆에서 현서도 피식 하고 웃었다.

'이래 봬도 명색이 토론부 부장인데 어쩐지 내 턱 밑까지 주먹이 왔다간 듯한 이 느낌은 뭐람?'

온갖 시시껄렁한 일들로 길어야 하루 이틀 씩씩거리다 마는 말싸움이야 셀 수도 없이 많이 했지만, 이렇게 은서와 진심을 다해 말로 접전을 벌인 적은 처음인 것 같았다.

"그런데 말이지, 애들아. 사실 가성비냐 가심비냐를 따지자면 끝이 없어."

현서가 잠시 딴생각을 하는 사이 웃음기를 띤 엄마가 먼저 입을 열었다.

"둘은 기준이 다르거든. 가성비는 객관적인 지표가 존재하지만 가심비는 심리적인 거잖아. 이 둘을 적절하게 충족시키면서 합리적인 소비를 할 수 있다면 그거야말로 금상첨화 아니겠어? 그러려면 결국 내 마음이 정하는 기준이 중요한 거지. 오스카 와일드가 이런 말을 했어. '인생에는 두 가지 비극이 있다. 첫째는 우리가 바라는 것을 갖지 못하는 것이고 둘째는 우리가 바라는 것을 얻는 것이다.' 바라는 것을 갖지 못하는 것은 비극이 맞지. 그렇지만 바라는 것을 얻는 것도 어떤 면에서는 비극이야. 심리학자들이 임상 실험으로 밝혀낸 건데 자신이 원하는 것을 얻은 사람일수록 불만족을 더 크게 느낀다고 해. 이미 자신이 가진 것보다 더 좋은 것, 더 많은 것이 갖고 싶어지는 거지. 그리고 원하던 것을 손에 넣고 나서 정작 제대로 쓰지도 않고 내팽개쳐두는 건

소비가 아니라 낭비지. 어, 은서 너 지금 속으로 뜨끔했지? 큭큭큭. 네 옷장에 옷들이 저렇게 많은데 가만 보면 늘 입는 것만 입고 다니더라? 어떤 통계에 따르면 사람들은 자신이 소유한 옷의 20%만 돌려 입는대. 그러면 나머지 80%는 왜 산 걸까? 이런 일을 막기 위해 나의 소비 기준이 확실해야 한다는 거야."

"아이참. 전 억울해요. 그래도 제 옷장의 20%

보다는 훨씬 많이 활용 중이라구요……."

자신 없다는 듯 맥없이 말꼬리를 흐리는 은서를 보며 현서와
이서 씨가 웃음을 터트렸다.

✳ 아미 AMI

빨간 하트에 알파벳 A가 붙은 로고로 유명한 프랑스 남성복 브랜드로 2011년 디자이너 알렉산드르 마티우시 Alexandre Mattiussi가 론칭했다. 패션쇼를 위한 디자인과 현실성 있는 디자인 사이의 괴리감으로 고민하다 '현실적인 옷장'을 철학으로 브랜드를 시작해서 미니멀하면서도 세련되고 캐주얼한 디자인을 선보이며 인기를 얻고 있다. 브랜드의 이름은 프랑스어로 '친구'를 뜻한다.

✳ 메종 키츠네 Maison Kitsune

브랜드의 이름이 집을 뜻하는 프랑스어 '메종'과 여우를 뜻하는 일본어 '키츠네'의 혼합인 것은 2005년 프랑스 출신의 아티스트 디렉터인 길다 로에크 Gildas Loaec와 일본계 패션 디자이너 마사야 쿠로키 Masaya Kuroki가 창립한 브랜드이기 때문이다. 여우 머리 로고는 둔갑술을 부리는 다재다능한 여우들의 집이라는 의미라고. 이들은 편안하고 심플하면서도 남성성과 여성성을 고루 갖춘 디자인으로 젊은 세대들에게 큰 인기를 끌었으며 한국으로 정식 수입한 온라인 쇼핑몰에서 여우 머리 로고가 가슴에 새겨진 티셔츠가 품절 사태를 겪기도 했다.

✳ 톰 브라운 Thom Browne

톰 브라운은 대학까지 중퇴하고 배우를 꿈꾸었으나 그 꿈을 이루지 못하고 뉴욕에서 의류 세일즈맨으로 패션계에 발을 들여놓았다. 그리고 우연한 기회에 디자이너로서 경력을 쌓기 시작해서 2003년 자신의 브랜드인 '톰 브라운'을 설립했다. 독창적인 디자인으로 눈길을 끈 그는 2013년 미국 패션디자이너 협회가 선정하는 올해의 남성복 디자이너상을 수상하며 세계적 패션 디자이너로 발돋움했다. 특별한 로고는 없지만 팔뚝 위에 넣은 네 개의 흰색 가로 줄무늬나 목 뒤, 소매, 밑단 등에 보일 듯 말 듯 드러나는 삼색선 장식이 브랜드의 고유성을 보여주는 상징이다. 톰 브라운을 유명하게 만든 실험적 디자인으로 손꼽히는 것은 팔다리 기장과 길이가 짧고 몸에 달라붙는 라인의 수트로 '뉴 실루엣'으로 불리며 전통적인 수트 디자인에 혁명적인 변화를 가져왔다는 평가를 받고 있다.

✳ 슈프림 Supreme

미국의 스트리트 브랜드. 슈프림은 '최고의', '최상의'라는 의미를 지닌다. 뉴욕에서 옷 가게를 운영하던 제임스 제비아 James Jebbia는 스케이트보드 문화와 힙합 문화에 영향을 받아 1994년 뉴욕 맨해튼에 티셔츠를 판매하는 가게를 열고 보더들이 자유롭게 드나들 수 있도록 매장 한가운데에 아예 그들만의 아지트를 만들었다. 매장으로 모여든 젊은 보더들의 열광과 관심을 기반으로 슈프림은 스트리트 컬처의 중심에 선 브랜드로 성장했다.

매장 오픈 당시 "나는 대중의 취향을 맞추지 않겠다. 1,000개를 팔수 있어도 400개만 팔겠다."고 선언한 제임스 제비아의 결심대로 거의 모든 슈프림의 아이템들은 극소량 발매되며 발매와 동시에 매진되어 구하기 힘든 브랜드로 손꼽힌다. 제품의 정상가는 티셔츠가 5만 원, 기본 후드 제품이 18만 원 정도이나 매진 후 거래가는 티셔츠가 40만 원, 후드가 120만 원 선까지 올라간다. 미국, 영국, 일본, 프랑스에만 정식 매장을 가지고 있으며 슈프림 본사가 한국에 따로 상표권 등록을 하지 않아서 누구나 슈프림의 브랜드 이름과 상표를 쓸 수가 있다. 따라서 정식 매장이 없는 한국에서 온라인, 오프라인으로 판매되는 슈프림 제품의 99%가 가짜라는 것이 정설이다.

＊오프 화이트Off White

미국 디자이너 버질 아블로Virgil Abloh가 2012년 만든 스트리트 캐주얼 브랜드로 100년 역사의 명품 브랜드 구찌를 제치고 2019년 '최고의 인기 브랜드' 1위에 등극했다. 반팔 면 티셔츠가 30~40만 원대의 고가 브랜드이지만, 젊은 층 사이에서 폭발적인 인기를 누리고 있다.

오프 화이트는 브랜드의 탄생 과정부터가 화제를 불러일으켰다. 중고 면 티셔츠 위에 미국 주방용기 업체의 이름과 마이클 조던의 백넘버 23번을 프린트해서 무려 65만 원에 판매한 것이다. 이후 아블로는 2018년 세계적 명품 브랜드 루이 뷔통의 164년 역사상 최초의 흑인 디자이너로 영

입되었다.

*바이레도Byredo

바이레도의 창업주인 스웨덴 출신 벤 고햄은 어렸을 때 농구를 시작해서 대학교 명예의 전당에 오를 정도로 촉망받는 선수였다. 캐나다로 이주했다가 스웨덴으로 돌아와 프로 농구팀에 입단하기 위해 애를 썼지만 영주권을 따지 못해 낮에는 건설 현장에서 일하고 밤에는 농구 훈련을 하는 고된 생활을 해야 했다. 그러다 결국 농구를 포기하고 스톡홀름 아트 스쿨에 진학해서 순수 미술을 공부했고 저명한 조향사 피에르 울프Pierre Wulff와의 만남을 계기로 향수에 관심을 갖게 되었다.

가진 것이 아무것도 없었던 벤 고햄의 성공 비결은 운동선수 출신다운 '집요함'이었다. 강박적으로 완벽함을 추구한 그는 '향이 별로다'라는 울프의 평가에도 포기하지 않고 새로운 향을 만들어내기 위한 시도를 멈추지 않았다고.

지금도 바이레도는 향수 제조 과정에 있어 완벽함을 추구하기 위해 많은 시간을 들인다. 초기 샘플 향수가 만들어지기까지 6개월이 걸리고 이후에도 적게는 30번에서 많게는 200번에 걸쳐 향을 다듬으며 지루한 수정 작업을 거치는데 이 과정에서 향이 초기 아이디어와 멀어지면 향수 제조를 중단하고 새로 시작한다.

✳ 블루보틀 Blue Bottle

블루보틀을 창업한 제임스 프리먼James Freeman은 원래 클라리넷 연주자였다. 연주 여행을 다니면서 직접 커피를 내려 마시는 도구를 가지고 다닐 정도로 커피 애호가였던 그는 2002년 캘리포니아주 오클랜드의 간이 창고 한구석에 커피를 볶는 로스터기 한 대를 놓고 블루보틀을 창업했다. 블루보틀은 지금도 60그램의 커피를 정확히 저울로 재서 94도의 온도로 내리는 '완벽한 커피 맛의 룰'을 지켜가고 있다.

3장

브랜드, 사치의 시대에서
가치의 시대로

"야, 너희 오빠 이번에 조던 당첨됐다며?"

"어, 완전 대박이지!"

"리셀한대?"

"당근이지, 올리면 바로 따따블인데."

까맣게 잊고 있던 학원 숙제를 부랴부랴 하느라 혼이 쏙 빠져 있던 은서는 옆자리 친구들이 떠드는 소리를 들으며 피식 하고 웃지 않을 수 없었다. 요즘 매일같이 브랜드를 놓고 접전을 벌이고 있는 현서가 떠올랐기 때문이다. 그 바른 생활 모범생 답답이 언니가 여기에 있었다면 딱 스파이 접선 암호처럼 들렸을 법한 대화였다.

추첨제인 래플Raffle 방식으로 판매하는 한정판 운동화를 사려면 운이 좋아야 한다. 그렇지만 일단 당첨만 되면 10만 원에서

20만 원 정도를 투자해서 리셀resell로 몇 배는 벌 수 있다. 단 며칠 만에 수백만 원대로 리셀가가 뛰기도 한다. 일명 '스니커테크'라고 불리는 스니커즈 재테크이다. 특히 한정판들은 실물을 영접하기도 힘들 만큼 귀하기 때문에 '갖고 있다'는 것만으로 모두의 부러움을 한 몸에 받을 수 있다. 그런데 언니는 어째서 그런 듣도 보도 못한 '듣보잡' 브랜드의 운동화를 그렇게 열심히 들여다보고 있었던 걸까?

머칠 전 방에서 숙제를 하던 은서는 물을 가지러 가려고 몸을 돌리다가 컴퓨터 스크린에 얼굴을 바싹 들이댄 채 무선 마우스를 드르륵거리며 화면을 쉴 새 없이 올렸다 내렸다 하는 현서를 발견했다. 슬쩍 훔쳐보니 운동화를 살펴보는 중이었다. 그런데 그 운동화들이란 게 은서의 취향에는 영 탐탁지가 않은 것들 일색이었다. 색깔이 알록달록하거나 디자인이 특이하거나 뭔가 눈에 띄는 패턴이 들어가 있거나 브랜드 로고가 찍혀 있는 것도 아니고 그저 평범한 단색에 모양도 평범하기 짝이 없는 운동화들이었다.

"뭘 그렇게 봐?"

꾸욱 하고 눌러 참으려던 호기심이 조심성 없이 목구멍 밖으로 튀어나갔다. 갑작스러운 은서의 목소리에 화들짝 놀란 현서가 뒤를 돌아보며 말했다.

"어? 어……. 아무것도 아니야."

"에이, 왜 그래, 아무것도 아닌 게 아닌데. 운동화 사게? 언니, 혹시 설마 엄마 선물로 보고 있었던 건 아니지?"

현서는 대답 대신 컴퓨터 스크린을 향해 홱 하고 돌아앉더니 잽싸게 인터넷 창을 닫고 한쪽 옆으로 치워둔 참고서를 제 앞으로 끌어당겼다. 은서는 뭔가를 더 물어보려다가 그냥 입을 다물었다.

그날 오후 늦게 현관으로 들어서는 은서의 눈에 어지럽게 흩어져 있는 신발들이 눈에 들어왔다. 엄마, 아빠 그리고 자매의 신발들이 최소한 두 켤레씩은 나와서 돌아다니고 있었다. 은서가 지금 신고 있는 신발도, 저만치서 한쪽씩 제멋대로 나뒹굴고 있는 또 다른 신발도 모두 나이키다. 학원이 끝나고 잠시 친구와 수다를 떠는 사이에 먼저 집으로 향했던 언니의 신발은 그 난장판 속에 저 혼자 가지런히 놓여 있다. 재작년인가 엄마가 제발 운동화 좀 바꾸자며 백화점으로 끌고 가다시피 해서 사준 필라 운동화다. 책가방도 마찬가지였다. 은서의 옷장에서 홀대를 받다가 어느샌가 현서의 옷장으로 흘러들어간 것들도 꽤 됐다. 현서는 위아래가 바뀐 물림을 전혀 신경 쓰지 않았다. 그렇게 먼저 뭘 사달라고 하는 법이 없는 게 언니 현서다. 식구들이 쌍둥이가 아니라 산부인과 간호사의 실수로 애가 바뀐 게 아니냐고 농담을 할 정도로 뭐 하나 비슷한 구석이 없다.

은서는 잠시 현관에 선 채로 언니의 운동화를 쳐다보며 생각에 잠겼다.

'김현서한테 사고 싶은 운동화가 생겼단 말이지……. 근데 한 번도 본 적이 없는 브랜드던데……. 대체 뭐지?'

"언니! 언니 방에 있어?"

"현서 여기 있다."

언니 대신 엄마의 목소리가 들려온 부엌 쪽으로 가보니 현서는 식탁 앞에 앉아 떡볶이를 우물거리며 먹고 있는 중이었다. 모처럼 일찍 퇴근을 한 이서 씨가 딸들과 함께 나누어 먹으려고 오는 길에 떡볶이를 포장해 온 것이다.

"우와! 이거 엄마 회사 근처에 있는 그 떡볶이 맛집에서 사 온 거네? 텔레비전에 나온 다음부터 줄이 장난 아니라던데."

"어이구, 우리 은서는 요즘 유행이라면 아주 모르는 게 없어 요."

"내가 좀 그렇지? 흐흐흐."

은서는 식탁 아래에 책가방을 내려놓고 떡볶이부터 입 속으로 밀어 넣으며 헤헤거리고 웃었다. 그러다가 문득 뭔가가 생각난 듯 말없이 떡볶이를 먹고 있던 현서 쪽으로 고개를 돌렸다.

"아, 참! 근데 언니, 저번에 보고 있던 그 운동화는 대체 뭐야? 나 완전 자존심 상했잖아. 내가 모르는 브랜드가 있다니. 그거 혹시 듣보잡 브랜드 운동화 아니야?"

"어? 현서가 운동화를 보고 있었어? 오호, 우리 현서가?"

엄마의 호기심 어린 눈초리가 현서에게로 향했다.

공포 영화에 나오는 악마의 인형처럼 싸늘한 표정으로 천천히 제 쪽으로 고개를 돌리는 현서를 보는 순간 은서는 생각했다. 아차, 실수. 뭔가가 생각나면 생각나는 대로 재잘거리는 자신과 달리 뭐든 스스로 결론을 내리기 전까지는 입을 꼭 다물고 있는 현서의 성격에 이건 분명 '아직 결정을 내리지 않은 사안'이었던 거다. 따라서 엄마는 금시초문인 현서의 '비밀'이 지금 막 은서의 입을 통해 떡볶이 접시 위로 툭 하고 떨어진 것이다.

"아니이이……. 나는 그냥…… 뭘 사고 싶다고 한 적이 언제였는지 기억도 안 나는 언니가 그러고 있는 걸 보니까 궁금하잖아. 그래서어……."

현서는 눈을 깜빡이는 것도 잊은 채 은서를 노려보고 있었다.

"현서야, 그러지 말고 엄마한테 말해보렴. 그게 뭔데?"

엄마의 달래는 듯한 목소리에 입을 꼭 다물고 있던 현서가 마침내 입을 열었다.

"은서 말대로 듣보잡 브랜드 운동화예요. 그렇지만 세상을 구할 수 있는 브랜드죠."

'세상을 구할 수 있는 브랜드라고?'

은서와 이서 씨는 서로를 쳐다보며 어깨를 으쓱 치켜올렸다.

착한 소비

"엄마가 지난번에 MZ세대의 특징에 대해 말씀하셨던 것처럼 온라인 환경에 익숙한 요즘 소비자들은 제품을 쓰기 전에 그 제품의 품질이나 가치에 대한 정보를 미리 다 찾아보죠. 완전 정보 시대라고 하잖아요. 그래서 더 이상 '이 브랜드는 유명 브랜드니까 품질도 괜찮겠지' 하고 추측을 할 필요가 없어졌어요. 스스로 판단할 수 있으니까요. 그런데 온라인 환경에 익숙한 세대다 보니 부작용도 만만치가 않죠. 소위 '인싸템'이라는 거 말이에요. 은서처럼 나비 날개 같은 팔랑귀를 가진 사람들이 SNS에 올라온 연예인 인증샷에 꽂혀서 며칠 만에 완판시키는 그런 거요. 이런 게 평범한 사람들은 사기 힘든 고가의 제품이어도 문제지만, 가격이 만만한 거여도 문제예요. 한때 반짝하고 나면 서랍 한구석에 처박혀서 잊히기 딱 좋거든요. 그러다 서랍들 다 뒤집어엎는 대청소라도 하게 되면 다 고스란히 쓰레기통으로 직행이죠."

"인싸템이든 아싸템이든 나를 위한 소비가 나쁜 건 아니쥐!"

항의하듯 목소리를 높인 은서가 말을 이어갔다.

"소확행이라는 말도 몰라? 비록 순간적이라고는 하지만 소소하고 확실한 행복을 느낄 수 있다면 그 정도는 나를 위해 해줄 수 있지. 용돈을 모은건 알바를 뛰건 결국 다 노력의 대가라구. 요즘은 '미코노미MECONOMY'●의 시대야. 비록 언니에게는 내가 뭘 사든 '휘소가치'●●로밖에는 보이지 않을 테지만 말이야."

"야, 김은서. 너 케이크 좋아하지? 그런데 케이크를 먹을 때마다 '더 먹으면 안 되는데, 살찌는데.' 이러면서 최소한 세 조각은 먹잖아. 설탕이 가득 들어간 케이크가 입 안에서 사르르 녹는 그 달콤한 맛에 취해서 한 입, 두 입, 세 입…… 이렇게 정신줄을 놓고 먹다 보면 어느새 멀쩡하게 잘 입고 다니던 바지의 단추가 안

●미코노미(MECONOMY)
자기 자신을 뜻하는 '미(Me)'와 경제를 뜻하는 '이코노미(Economy)'를 합친 말로 나를 위한 소비를 뜻한다. 미국의 세계적인 경제학자 제러미 리프킨(Jeremy Rifkin)이 『소유의 종말(The Age of Access)』이라는 저서에서 처음으로 사용했다.
미코노미의 중심에는 '나를 위한 사치'라는 트렌드가 자리 잡고 있다. 사람들이 취향에 따라 가장 만족도가 높은 제품을 고르고자 하는 성향을 드러내면서 식품 회사들은 스테이크와 같은 고급 메뉴를 1인분씩 소포장해서 판매하고 도시락과 삼각김밥 정도가 전부였던 편의점의 식사와 디저트 메뉴가 다양해졌다. 그리고 레스토랑의 인기 메뉴를 집에서 손쉽게 맛볼 수 있도록 한 간편식인 '밀키트(Meal Kit)'의 판매량도 눈에 띄게 늘어났다. 가전제품, 고급 홈웨어, 잠옷 등이 인기를 끌고 반려동물을 위해 일반 사료 대신 수제 사료나 고급 간식을 구입하는 등 반려동물 소비 시장이 큰 폭으로 성장한 것도 미코노미 현상의 일종이다.

●● 휘소가치
'희소가치'에 '휘두르다'라는 의미의 한자 '휘(揮)'를 붙여서 만든 신조어. 다른 사람에게는 무의미하나 자신에게는 의미가 있고 만족감을 주는 것에 투자를 하는 소비를 의미한다. 비록 소비의 방식은 즉흥적이지만 적어도 개인에게는 가치가 있으므로 합리적인 소비라고 여기는 것이다. 자신이 좋아하는 아이돌 가수의 굿즈를 사거나 피규어를 모으는 것이 그 예이다.

잠기고 소화도 안 되고 조금만 뛰어도 숨이 차는 일이 벌어져. 왜? 나도 모르는 사이 몸속에 나쁜 것들이 쌓이니까. 그렇지만 어차피 그건 네가 케이크를 너무 많이 먹어서 벌어진 일이니까 네가 감당해야지. 그런데 너의 미코노미나 휘소가치로 인해서 대가를 치르는 건 네가 아니야. 바로 이 지구라고."

"엥? 어째서 얘기가 그렇게 흘러가? 이제 사람을 지구 파괴범으로 몰아가시게?"

은서가 어이가 없다는 듯 눈동자를 굴렀다.

"지구를 가장 병들게 만들고 있는 것이 바로 넘치는 쓰레기거든."

현서

제주도 앞바다에 방류한 거북이가 11일 만에 죽은 채 발견이 됐는데 배 속에 플라스틱 쓰레기가 가득했대요. 플라스틱이 개발된 지 100년도 채 지나지 않았는데 플라스틱으로 인한 지구의 환경 오염은 암울할 지경이에요. 태평양 한가운데에 한반도 면적의 일곱 배에 달하는 거대한 쓰레기 섬이 떠다닌다는 건 이제 유명한 얘기죠. 이런 속도라면 2050년에는 바다에 물고기보다 플라스틱이 더 많아질 수도 있다고 해요. 그리고 플라스틱 쓰레기들은 갈수록 크기가 작아져서 미세 플라스틱의 형태로 생물의 몸속에 흡수가 되는데, 결국 엄마나 은서 그리고 제 몸속에도 미세 플라스틱이 쌓이고 있을 가능성이 아주 높다는 거죠.

공상 과학 영화에 나오는 디스토피아가 꼭 영화 속의 한 장면이기만 할까요? 기후 위기나 지구 온난화라고 하면 교과서나 뉴스에 등장하는 거창한 얘기인 것 같죠? 천만에요. 진짜로 우리 주변에서 벌어지고 있는 현실이에요.

들여다보기 **쓰레기 섬과 미세 플라스틱**

1997년 미국의 해양 환경운동가인 찰스 무어Charles J. Moore가 발견한 태평양의 거대 쓰레기 섬은 강 근처에 버려진 쓰레기들이 물의 흐름에 따라 바다로 흘러 들어가서 원형순환해류와 바람의 영향으로 한곳에 모여 이루어진 것이다. 북서태평양 어장 동쪽에 집중 분포되어 있는 쓰레기 섬은 90%가량이 썩지 않는 비닐과 플라스틱으로 이루어져 있다. 이것이 해조류 또는 다른 플라스틱과 부딪치면서 작은 조각으로 분리되어 미세 플라스틱이 되고, 이를 먹이로 착각한 해양생물들로 인해 먹이 사슬 상층에 있는 생물의 몸속에 축적되는 것이다.

세계자연기금WWF의 '플라스틱 인체 섭취 평가 연구' 결과에 따르면 한 사람당 매주 평균 미세 플라스틱 2,000여 개를 섭취하고 있다고 한다. 이는 신용카드 한 장, 볼펜 한 자루와 같은 수준이다.

태평양 거대 쓰레기 섬의 폐그물을 회수 중인 대원

　어째서 이런 일이 벌어지게 된 걸까요? 사실 이건 '누구의 잘못'
이라고 꼬집어 말할 수 없어요. 지구에서 살고 있는 우리 모두가
공범이거든요. 슈퍼마켓이나 문방구에서 아무 고민 없이 집어 드
는 자잘한 물건 하나하나가 다 관련이 있어요. 모든 공산품을 생
산하는 데에는 자원이 들어가고 그 생산 과정에서 온실가스가 발
생하니까요. 은서가 사랑해 마지않는 패션도 예외가 아니죠.

　인도 남부의 세계 최대 의류 산업 도시인 티루푸르는 니트 웨
어가 유명해서 니트 시티Knit City라는 별명을 가지고 있어요. 웬만
한 글로벌 패션 회사의 옷들은 거의 다 이곳에서 만들어지고 있
다고 보면 돼요. 이곳에 처음 의류 생산 단지가 들어설 때 미국

국제개발처와 주 정부가 합작해서 인근 농업 지역의 노이얄 강에서 깨끗한 물을 끌어들이는 프로젝트를 성사시켰어요. 청바지 하나를 만드는 데 7,000리터, 티셔츠 한 장에는 2,700리터의 물이 필요하거든요. 의류 산업은 급성장을 했지만 이에 따른 대가가 엄청났죠. 수 세기 동안 지역 주민들을 먹여 살려왔던 농사가 불가능해진 거예요.

주변 저수지 물은 공장에서 흘러나온 화학약품과 중금속으로 가득 찼고 이로 인해 땅이 병들어 농사를 지을 수가 없게 되어버렸어요. 주민들은 오랜 삶의 터전을 버리고 마을을 떠날 수밖에 없었죠. 그렇게 유령 마을이 되어버린 곳이 60곳이 넘고 노이얄 강의 댐을 완전히 비웠더니 죽은 물고기가 400톤이 넘게 나왔대요.

미국 의류 브랜드의 97%가 해외에 공장을 가지고 있는데 그중 75%가 아시아에 집중되어 있어요. 메이드 인 캄보디아, 라오스, 인도네시아, 방글라데시…… 이런 곳에서 저렴한 비용으로 대량 생산된 제품들이 전 세계 시장에서 싼값에 마구 팔려나가요. 그리고 기업들은 엄청난 부를 축적하죠. 그리고 대가를 치르는 건 결국 현지 공장 지역의 사람들이에요.

사실 이 부분에 대해 알아보면서 저도 반성을 많이 했어요. 지난번에 은서랑 가성비와 가심비 얘기를 하면서 전 가성비 편을

들었잖아요. 그때 은서
가 '가격이 싼 만큼 쉽게
버리는 게 문제'라고 했던 말
이 맞았어요. 패스트 패션이 거대 패
션 브랜드로 자리를 잡으면서 소비자
들은 옷을 사는 데 '제대로 된 값'을 치르고 오래 입는 대신, 싼값
에 최신 유행의 옷을 사서 대충 입고 버리는 식으로 소비 패턴을
바꾸게 된 거죠.

　2000년대에 들어서 전 세계적으로 1인당 연간 의류 소비량이
두 배나 늘었대요. 그건 버려지는 의류의 양도 두 배가 늘었다는
말이고 생산 과정에서 발생하는 환경 오염과 의류 폐기물로 인
해 그만큼 지구가 빠른 속도로 병들어가고 있다는 의미예요. 한
해 9,200만 톤에 이르는 의류 폐기물의 가장 큰 주범으로 꼽히는
패스트 패션을 지금처럼 아무 생각 없이 소비하다가는 2050년에
패션 산업이 전 세계 탄소의 4분의 1을 소비하게 될 거라고 해요.
너무 끔찍하지 않아요? 그래서 전 브랜드를 선택하는 기준을 바
꿨어요. 가성비나 합리적 소비를 따지기 전에 지구에 해를 끼치
는 브랜드는 사지 않으려고요. 저한테 의미가 있는 브랜드를 사
기로 했어요. 이런 걸 '미닝 아웃Meaning out'●이라고 한다죠. 자신
의 정치적, 사회적 신념이나 가치관, 취향, 주장 등을 드러내는

행동이라는 의미에서요.

세상을 구하는 브랜드

"미닝 아웃이라……. 언제부턴가 연예인들이 인터뷰를 할 때마다 '선한 영향력'이라는 말을 부쩍 많이 쓰더구나. 선한 영향력을 미치는 사람이 되고 싶다고 말이야. 이게 일종의 트렌드처럼 퍼지더니 어떤 식품 회사는 제품이 아니라 성실 납세, 협력사에 대한 정당한 대우 등이 알려지면서 사람들의 호감도가 급상승하기도 했지. 그렇지만 꼭 사회적으로 성공한 사람들만 선한 영향력을 행사할 수 있는 건 아니야."

이서 씨는 식탁 건너편에 나란히 앉은 두 딸의 얼굴을 번갈아

● 미닝 아웃(Meaning out)
미닝 아웃의 대표적 수단 중 하나는 SNS이다. 해시태그를 통해 자신이 가치 있게 생각하는 주장에 공감을 표할 수 있을 뿐 아니라 자신의 생각을 다른 사람들과 공유할 수 있도록 해주기 때문이다. 미닝 아웃의 주제는 환경 보호, 인종차별 및 성차별 반대, 불공정 기업의 상품 불매, 투표 독려, 동물복지 지지 등 다양하다. 소비로 표출하는 미닝 아웃은 가격이 좀 비싸더라도 기업이 윤리나 사회적 책임을 다하고 있는지, 친환경, 동물복지, 공정무역 등을 실천하는지를 따져서 자신의 가치관에 부합하는 브랜드의 제품을 구매하는 것이다. 개인의 의견을 드러내는 데 적극적이고 디지털 환경에 익숙한 MZ세대를 중심으로 확산되는 추세이다.

쳐다보았다. 어디로 튈지 모르는 무한 에너지의 아기 둘을 한꺼번에 키우는 일은 결코 만만치가 않았다. 게다가 근무 시간이 정해져 있지 않고 5분 대기조처럼 언제든 스튜디오로 불려나갈 준비를 해야 하는 쇼호스트라는 직업 때문에 언제 해가 떠서 언제 지는지도 모르고 살았었다. 그때 온 집 안을 기어 다니며 번갈아 사고를 치던 그 꼬물이 둘이 어느새 이렇게 커서 세상 구석구석을 반짝거리는 눈으로 들여다보고 있었을까.

"미닝 아웃을 일상생활에서 실천할 수 있는 방법은 소비를 통한 것인데, 이것을 '가치 소비'**라고 부른다. 현서가 선언한 것처럼 브랜드 자체보다 나의 신념과 가치에 맞는 브랜드를 고르는 것이지. 그래서 같은 소비라도 나의 소비가 다른 사람들에게 좋은 영향을 미칠 수 있는지가 중요한 선택 기준이 되는 거야."

"음, 그럼 가치 소비와 합리적인 소비는 어떻게 다른 거예요?"

은서가 물었다.

"가치 소비는 광고나 브랜드의 명성에 휘둘리지 않고 자신의

●● 가치 소비

2020년 발표된 한 설문조사에 따르면 MZ세대의 약 52%가 '가치 소비'를 할 의향이 있다고 답했다. '미닝 아웃'에 이미 많은 10대들이 동참하고 있는 것이다. 이와 같은 소비 트렌드의 변화에 기업들도 민감하게 반응하고 있다. 스타벅스는 10년 이내에 모든 자사 제품에 '케이지 프리(cage-free) 달걀(비좁은 닭장 안에 가두지 않고 자유롭게 키운 닭이 낳은 달걀)'을 쓰겠다고 선언했고 식품 회사인 풀무원은 2028년까지 식용란 전체를 동물복지란으로 바꿀 계획이라고.

가치 판단에 따라서 소비를 하는 거지. 가성비나 합리성을 따지기보다 자신이 가치를 부여하는 제품인가를 보는 거야. 예를 들면 동물 실험을 하는 브랜드인지 아닌지, 환경 보호에 동참하는 브랜드인지 아닌지를 따지는 거지. 그리고 비슷한 품질의 다른 제품보다 가격이 좀 비싸더라도 구입을 망설이지 않는 것이 가치 소비란다."

그러자 은서는 옆에 앉아 있는 현서를 돌아보았다.

"그러면 언니가 보고 있던 그 운동화가 가치 소비랑 관련이 있다는 거야?"

현서는 말없이 고개를 끄덕거렸다.

현서

제가 살펴보고 있었던 건 올버즈Allbirds라는 브랜드의 운동화예요. 할리우드의 유명 배우 레오나르도 디카프리오가 직접 투자를 하고 광고에도 참여할 만큼 사랑하는 신발로도 유명하죠. 올버즈의 홈페이지에 들어가봤더니 처음 딱 눈에 띄는 문구가 '자연으로 만든 신발'이었어요. 이 회사의 모든 제품은 천연 재료와 재활용품만으로 생산되거든요. 국가대표 축구선수 출신의 팀 브라운 Tim Brown과 신재생 에너지 전문가인 조이 즈윌링거Joey Zwillinger 는 2014년에 회사를 세우면서 수많은 실패 끝에 개발해낸 특허 기술의 독점권을 포기했어요. 더 많은 경쟁 기업들이 친환경 경영에 동참하기를 바라기 때문이래요.

올버즈의 신발들은 첫째도 지구, 둘째도 지구를 먼저 생각한 거예요. 동물복지에 신경을 쓰며 키운 양에서 얻은 울을 사용하면 기존의 합성 소재로 만드는 신발보다 60%나 적은 에너지로 신발을 만들 수가 있어요. 그리고 세계 최초로 나무 섬유와 사탕수수로 신발 중창인 스위트폼SweetFoam ™을 만들어냈고요. 신발끈은 재활용 플라스틱 병, 제품을 포장하는 상자는 재활용 골판지로 만든대요. 재료만 마음에 드는 게 아니에요. 착용감에 대한 평도 좋더라고요. 미국 〈타임〉지가 '세상에서 제일 편한 신발'이라고 극찬했던 운동화는 출시 2년 만에 100만 켤레 이상이 팔렸다죠. 그리고 지금은 기업 가치가 1조 7,000억에 이르는 글로벌 기업이 됐어요.

은서 눈에 '듣보잡 브랜드의 운동화'로 보인 건 아마 단순한 디자인과 컬러 때문이었을 거예요. 올버즈 신발에는 요란한 로고도 눈에 띄는 장식도 없어요. 그런 의미 없는 디테일은 다 버린 대신 실용적이고 친환경적이고 편안한 신발이라는 기본에만 충실한 제품이에요.

그런데…… 이 브랜드가 결코 싸지는 않아요……. 운동화 한 켤레에 13만 원에서 20만 원 정도 하거든요. 제가 평소에 신고 다니는 운동화들에 비해서는 덥석 사기 힘든 가격이죠. 그리고 사실 오랜 역사의 스포츠 전문 브랜드에서 나오는 운동역학적 설계의 화려한 기능성 운동화들과 비교하면 성능면으로 좀 뒤처질 수도 있다는 생각은 들어요. 그렇지만 전 이 브랜드의 운동화를 사려고 조금씩 용돈을 모으는 중이에요. 알바까지는 안 하겠지만요. 좀 비싼 돈을 주더라도 아깝지 않을 것 같아요.

들여다보기 **올버즈의 탄소 펀드**

올버즈는 전 제품에 탄소발자국 라벨을 부착한 최초의 패션 브랜드로 자신들의 제품이 지구에 어떤 영향을 미치는지를 소비자들에게 솔직하게 그대로 보여준다. '저희 제품은 탄소 배출량이 평균 7.6kg입니다' 라고 되어 있는 것은 원료 준비에서부터 생산, 운송, 폐기 단계까지 발생된 총 이산화탄소의 양을 의미한다. 보통 운동화 한 켤레를 생산하는 데 발생하는 탄소의 양만 12.5kg 정도라고. 올버즈는 2019년 탄소 중립 100% 달성을 선언하고 '탄소 펀드'를 만들어 스스로에게 탄소세를 부과하기 시작했으며 이 탄소세의 일부를 재생 농업, 쓰레기 매립지 배출가스 줄이기 프로젝트 등에 투자하고 있다.

"아, 그게 올버즈 제품이었구나."

"어? 엄마도 아세요?"

현서가 반가운 목소리로 물었다.

"당연하지. 대한민국에 엄마가 모르는 브랜드가 있으면 안 되지. 그런데 그렇게 인기 브랜드도 아닌데 현서가 어떻게 알았는지 신기하네?"

"아……."

현서가 배시시 미소를 지었다.

"은서랑 엄마 얘기를 듣다 보니 제가 모르는 브랜드가 너무 많아서 검색을 좀 했거든요. 그런데 웬 브랜드들이 그렇게 많은지, 나중에는 숨이 막힐 지경이었어요. 그러다 보니 '이 셀 수도 없이 많은 브랜드들이 만들어낸 제품들은 다 어디로 가는 걸까……'까지 생각이 미친 거죠."

"이야, 우리 첫째 공주님이 정말 대단한걸? 하하하. 그래, 현서 말이 맞아. 그래서 요즘 환경에 진심인 브랜드가 많이 생겨나고 있지. 자기네 회사 재킷 사진 위에 '이 재킷을 사지 마세요!'라고 쓴 광고를 신문에 대문짝만하게 낸 브랜드도 있단다."

"네에?"

이번에는 은서가 눈을 동그랗게 뜨며 말했다.

"사라는 게 아니라 사지 말라고요? 푸핫! 혹시 그거 사람들 관심을 끌려는 노이즈 마케팅, 뭐 그런 거 아니에요?"

"아니, 진심이었어. 그것도 미국에서 가장 큰 대목으로 꼽히는 추수감사절 블랙 프라이데이에 말이야."

"다짜고짜 그냥 사지 말라니, 도대체 무슨 의미인 거죠?"

현서조차 도무지 의도를 모르겠다는 듯 의문이 가득한 목소리로 물었다.

이서 씨

파타고니아Patagonia라는 아웃도어 브랜드의 광고였단다. 창립자인 이본 쉬나드Yvon Chouinard는 암벽 등반을 너무 좋아해서 암벽 등반 중 로프를 거는 못인 피톤을 만들어 파는 회사를 차렸어. 그리고 70년대 미국에서 가장 큰 등반 장비 회사로 성장했지. 그러다가 자신이 만드는 피톤이 바위를 훼손시킨다는 충격적인 사실을 알게 된 거야.

이본 쉬나드는 회사 매출에서 가장 큰 부분을 차지했던 피톤 생산을 과감히 중단하고 대신 알루미늄 초크를 개발했어. 바위에 피톤을 박지 않고 암벽 등반을 해서 다음에 그 암벽을 오를 등반

가들에게 자연을 남겨주자는 거였지. 이런 기업 철학을 바탕으로 만든 브랜드가 바로 파타고니아야.

사실 파타고니아가 친환경 경영을 시작하게 된 것은 1988년 보스턴의 파타고니아 매장에서 벌어진 한 사건 때문이었어. 매장에서 일하던 직원들이 집단 두통에 시달렸는데 알고 보니 창고에 쌓여 있던 면에서 나온 포름알데히드라는 독성 화학물질이 원인이었지. 면은 무공해 자연 소재인 줄만 알았는데, 이 사건을 계기로 면의 원료인 목화의 재배 과정에서 환경 파괴가 일어나고 있다는 사실이 밝혀진 거야. 이때부터 파타고니아는 화학물질을 쓰지 않고 재배한 유기농 면으로만 옷을 생산하기 시작했어.

실제로 파타고니아의 면제품에 쓰이는 유기농 목화는 1,000일 이상 농약이 닿지 않은 땅에 씨를 뿌리고 손으로 잡초를 뽑고 무당벌레로 해충을 잡는 방식으로 생산한다지. 이뿐만이 아니야. 캐시미어의 경우에는 강제로 염소털을 채취하는 것이 아니라 유목민들이 계절에 맞춰 방목지를 이동하면서 염소의 털을 빗질해서 모은 털로 옷을 만든대. 염색도 따로 하지 않아서 염소털의 자연스러운 색깔 그대로 사용하고 말이야.

파타고니아가 "이 재킷을 사지 마세요!"라고 〈뉴욕 타임스〉에 광고를 한 것에는 특별한 목적이 있었어. 연중 가장 큰 폭으로 세일을 하는 날이라 사람들이 필요하지도 않은 옷을 싸다는 이유로 마구 사들여서 환경 파괴를 일으키는 것을 막기 위해서였지. 그런데 이 광고가 나가고 나서 회사의 매출이 떨어지기는커녕 40%나 올랐다는구나. 환경을 걱정하는 브랜드의 진심이 소비자들의 마음을 움직인 게 아닐까?

'최고의 상품을 제작하고, 불필요한 피해를 발생시키지 않고, 환경 문제를 최소화하면서 환경 오염을 해결하기 위한 사업을 하자'는 파타고니아의 경영 철학은 언뜻 실현 불가능하고 이상적이기만 한 것처럼 들릴지도 몰라. 그런데 요즘 이런 ESG 경영은 기업 경영의 새로운 패러다임으로 세계적인 트렌드가 됐어. 앞으로 ESG 경영을 하지 않는 기업은 살아남기 힘들 거라고 하지. ESG는 환경Environment, 사회Social, 지배 구조Governance의 첫 글자들을 합친 말이야. 한국어로는 '지속 가능 경영'이라고 번역되는데, 기업이 이윤 창출 외에도 장기적인 관점에서 친환경, 사회적 책임 경영, 지배 구조 개선 등을 고려해야 지속적으로 발전할 수 있다는 의미란다.

왠지 어려운 얘기 같지만 쉽게 말하자면 돈보다 지구를 먼저 생각하고, 소외된 이웃을 돌아보고, 상하관계보다 수평적인 시스템과 투명한 경영으로 기업을 이끌어가야 한다는 거야. 플라스틱 포장재를 종이로 바꾸고 자동차 생산 기업이 탄소 중립을 선언하고 고용 평등을 위한 정책을 마련하고 공정무역* 제품이 주목을 받기 시작한 것이 그 영향으로 인한 것이지. 그리고 이 모든 변화의 시작은 현서가 브랜드에 대한 생각을 바꾼 계기처럼 환경 오염과 기후 위기가 우리에게 닥친 현실이라는 것에 대한 공감이 었어.

자, 그럼 그저 '사지 말라'고만 하고 끝이냐……. 아니지. 파타고니아는 낡은 옷을 고쳐주는 '원 웨어Worn Wear' 캠페인을 진행하고 있단다. 브랜드에 상관없이 자신이 입던 아웃도어 옷을 매장으로 가져가면 무료로 수선을 해주고 매장까지 오지 못하는 회원들을 위해 주기적으로 도시 곳곳을 돌며 옷을 수거하기도 해. 정말 웬만한 환경 보호 단체들보다 더 극성 아니니? 그리고 여기서 한 걸음 더 나아가 더 이상 고쳐 입지 못할 만큼 낡은 옷들을 모아서 만든 '리크래프티드Recrafted' 컬렉션을 선보였어. 그런데 중고 재활용품이라고 해서 쌀 거라고 생각하다가는 큰코다친단다. 파타고니아에서 나오는 제품들 중에서 제일 비싼 축에 속하거든. 셔츠나 재킷, 가방 등을 해체해서 다시 짜깁기를 하려면 일일이

● 공정무역
공정무역은 개발도상국의 경제적 자립과 지속 가능한 발전을 위해 생산자에게 유리한 무역 조건을 제공하는 것으로 일반적으로 커피, 초콜릿, 열대 과일 등에서 많이 볼 수 있다. 얼마 전 미국 세관이 중국 특정 선단의 해산물과 일본의 한 브랜드 셔츠의 수입을 금지했는데 이는 중국 선단이 노동자를 학대했으며 일본 브랜드는 위구르족 강제 노동이 의심되는 중국 신장 지역의 면화를 사용했기 때문이라고.

손으로 해야 하니까. 너희들, '업사이클링'이라고 들어봤지?

파타고니아의 '지구세'

파타고니아는 1985년부터 매년 매출의 1%를 1,000개가 넘는 소규모
환경단체들에 기부해오고 있다. 수많은 기업의 사회 기부 중에서도 이
들의 기부가 특별한 것은 '이윤'이 아니라 '매출'의 1%라는 점 때문이
다. 파타고니아는 제품 생산을 위해 불가피하게 오염시킨 지구의 자연
환경을 보존, 복구하기 위해 내는 세금이라는 의미에서 이 1%를 '지구
세'라고 부른다. 파타고니아가 중심이 된 '지구를 위한 1%' 기부 프로
젝트에는 현재 전 세계 3,000개 이상의 기업과 비영리단체가 참여하
고 있다.

비싸도 잘 팔려요,
폐기물의 반전 업사이클링

"어? 업사이클링이라면 저도 알아요!"

가만히 엄마의 말에 귀를 기울이고 있던 은서가 손을 번쩍 들
었다.

"프라이탁 가방! 맞죠? 저도 있어요, 그거! 헤헤헤. 아⋯⋯.

음……. 제가 지난번에 샀다고 엄마한테 말씀 안…… 드렸었나……요?"

역시 두 번 생각하지 않는 나팔수 은서답게 신이 나서 손까지 들며 얘기해놓고는 앗차! 하는 표정을 짓는다. 오늘 벌써 두 번째 '앗차!'다. 투 스트라이크 아웃. 그 모습을 본 현서가 키득거리며 말했다.

"뭘 새삼스럽게 엄마 눈치를 보고 그러시나. 엄마한테 말 안 하고 지른 게 그 가방 하나뿐이겠어? 지금이라도 옷장 문 열고 자수해서 광명 찾으시지?"

"그 프라이탁 가방, 흰색 맞지? 엄마한테 말 안 한다고 엄마가 모를 줄 알았니? 바람같이 스쳐지나가기만 해도 엄마 눈에는 브랜드가 다 보이거든. 그런데 프라이탁 가방은 어떻게 알고 산 거니? 너도 현서처럼 환경에 관심이 있는 거야?"

"아……. 뭐 그런 건 아니고요……. 그게 한때 애들 사이에서 꽤 인기가 있었거든요. 환경을 생각하는 가방이라고 해서 메고 다니면 뭔가 좀 있어 보이기도 하고 제품마다 디자인이 다 달라서 소장 가치도 있었고요. 그중에서도 제가 산 올흰(전체 흰색)은 레어템이어서 얼마나 구하기 힘들었다고요."

"으이그, 그럼 그렇지."

현서가 못 말리겠다는 듯 고개를 저었다.

"하하하, 그렇구나. 그런데 너희들, 프라이탁이 만든 최초의 메신저 백이 뉴욕 현대미술관에 전시되어 있다는 거 아니?"

이서 씨가 웃으며 말했다.

이서 씨

프라이탁은 1993년 스위스 취리히에 살던 프라이탁 형제가 만든 브랜드야. 운전면허증이 없던 형제는 자전거로 출퇴근을 했는데 취리히는 1년 365일 중 평균 127일 동안 비가 내리는 곳이었지. 그래서 방수성이 뛰어난 가방이 절실하게 필요했는데 도로 위에서 방수천을 덮고 달리는 트럭을 보고 아이디어를 얻은 거야. 그래서 낡은 방수천과 자전거 튜브 등을 가져다가 엄마의 재봉틀로 가방을 만들었어. 이 최초의 메신저 백이 바로 뉴욕 현대미술관이 소장하고 있는 최초의 프라이탁 가방이란다.

친구들에게 그 가방을 보여주었더니 첫마디가 '가방이 왜 이렇게 더럽냐'였대. 하하. 그런데 재료가 뭔지 설명을 해주고 나니 오히려 가방에 관심을 보이더라는 거야. 그렇게 자전거를 타고 다니는 사람들이 하나둘씩 사기 시작하고 입소문이 나면서 오늘

날 세계 최고의 업사이클 브랜드로 꼽히는 프라이탁이 탄생하게 된 거지.

업사이클링Upcycling이란 재활용을 뜻하는 리사이클링을 넘어 폐기물이나 중고를 활용해서 고부가가치 제품으로 재탄생시키는 것을 의미한단다. 1994년 리너 필츠Reiner Pilz가 처음 사용한 개념인데, 폐자원을 단순한 기계적, 화학적 공정을 거쳐 재활용하는 리사이클에서 한걸음 나아가 창의적인 아이디어와 디자인을 가미해서 업그레이드를 하는 것이지. 그래서 '재'활용이 아니라 '새'활용이라고 불리기도 해.

그런데 말이 쉽지 업사이클링 과정은 결코 만만치가 않아. 프라이탁에서는 유럽의 트럭 정류장 주변을 배회하면서 1년에 약 500톤 가까운 방수포를 사들이는데 기준이 아주 까다로워. 사용 기간은 5년 이상 그리고 브랜드의 개성을 표현하기에 적합한 프린트가 있어야 하고 너무 낡아서도 안 되고. 적절한 방수포를 구한 후에는 일일이 해체하고 빗물로 세탁을 하고 디자인 작업을 거쳐 재봉을 하게 되는데, 이렇게 손이 많이 가는 작업이다 보니 폐기물을 재료로 사용한다고 해서 가격이 쌀 수가 없지. 프라이탁의 가방들도 실용성을 따지는 가방답지 않게 고가야. 최고급 원단도 아닌데 말이야. 그래도 소비자들이 프라이탁 가방을 찾는 것은 브랜드의 친환경 개념을 높이 사고 비슷한 디자인은 있어도 똑같은 제품은 없는 세상에 단 하나밖에 없는 가방이라는 점 때문이지.

이런 업사이클링 제품들은 '재활용품은 품질이나 가격이 낮다'는 선입견을 바꿔놓았어. 미국의 '솔메이트Solmate'라는 양말 브랜드는 한 켤레에 2만 8,000원에서 3만 2,000원 정도로 가격이 비싼데도 전 세계적으로 18억 켤레가 넘는 양말을 수출하고 있을 정도로 성공을 거뒀지. 비결이 뭘까?

창립자인 마리안느 워카린Marianne Wakerlin은 어렸을 적 어머니에게서 배운 니팅 기술로 가족과 지인들을 위해 버려진 옷에서 풀어낸 실로 양말을 만들곤 했어. 그러다가 1998년 버몬트에 있는 자기 집 2층에서 조그맣게 솔메이트라는 회사를 시작했는데 이 브랜드의 양말은 전부 짝이 맞지 않는 짝짝이야. '양말을 맞춰 신기에는 인생이 너무 짧다'는 게 슬로건인데, 이보다 더 특이한 건 두 짝이 아니라 세 짝이 한 세트라는 거지. 마음 내키는 대로 짝을 바꾸어 신다가 한 짝이 못 신게 되어도 대체가 가능하도록 말이야.

그렇지만 아이디어만 좋다고 상품이 팔리지는 않지. 아무리 '가치'와 '선한 영향력'을 중요하게 생각하는 요즘 소비자들이라고 해도 단순히 업사이클링 제품이라는 이유 하나만으로 지갑을 열지는 않아. 그런 점에서 솔메이트는 업사이클링의 의미를 제대로 살린 브랜드라고 볼 수 있지. 바로 품질 말이야.

솔메이트 양말은 니트 양말이라서 보기에 도톰하고 무거워 보이지만, 막상 신으면 아주 가볍고 신축성과 보온성, 통기성이 뛰어나다고 해. 그리고 친환경 면은 일반 면보다 생산 비용이 많이 드는데, 이미 수십 년 동안 사용해서 옷감의 화학물질이 다 사라진 낡은 티셔츠를 재활용한다면 굳이 비싼 돈을 들이지 않아도 되지.

이렇게 업사이클링이 트렌드로 떠오르면서 대기업들도 여러 가지 아이디어로 동참을 하기 시작했어. 유명 아웃도어 브랜드에서 자투리 방수 원단으로 우산을 만들고 애플이 폐기 아이폰에서 추출한 소재를 새 아이폰 제작에 사용하고 고급 자동차 브랜드 벤츠에서 재활용 실과 플라스틱으로 자동차 내장재를 만드는 것처럼 말이야.

업사이클링은 이제 브랜드들마다 선택이 아니라 필수가 되어가고 있어. 제품의 품질뿐만 아니라 생산 과정까지 신경을 쓰는 소비자들 때문이지. 뛰는 브랜드 위에 나는 소비자들이라고나 할까. 예전에는 최고의 품질, 오래된 역사, 완벽한 기술이 담긴 제품에 돈을 썼다면 지금 소비자들은 브랜드를 만든 이들의 철학, 브랜드의 가치관까지 꼼꼼하게 따지는 거야. 그래서 같은 브랜드를 사용하는 소비자들끼리 온라인 커뮤니티나 브랜드 웹사이트 등을 통해 서로 제품 후기와 정보를 공유하면서 그 브랜드를 '나'

를 드러내는 하나의 방법으로 여기지. 프라이탁 가방을 메고 있으면 굳이 말로 설명하지 않아도 그 사람이 무엇에 가치를 두고 있는지를 말해주는 것처럼. 그래서 나와 가치가 통하는 브랜드의 제품을 사는 거란다.

"음……. 브랜드의 가치를 넘어 가치 있는 브랜드라……. 브랜드는 그저 물건에 붙어 있는 라벨 정도로만 생각했는데 브랜드가 가지고 있는 의미가 엄청나네요. 어우, 이건 뭐 알면 알수록 알아야 할 게 쌓이니……. 하여튼 이래서 언니랑 말싸움을 하면 결국엔 나만 피곤해지는 거라니까요."

은서가 떡볶이를 마저 삼키고 나서 포크를 입에 문 채 울상을 지어 보였다.

'어우, 근데 정신없이 얘기하면서 먹다 보니 떡볶이를 얼마나 먹은 거야, 대체……. 조심해야 하는데 정신줄 놨네, 김은서.'

은서는 숙제를 하기 위해 책상 앞에 앉은 뒤 제 머리를 콩콩 쥐어박았다. 옷장 안에 올해 최고로 핫한 아이템이라며 사놓은 배꼽티가 두 개나 있는 게 생각이 난 것이다. 본전을 뽑기도 전에 유행이 지나버리면 대략 낭패였다. 옷장을 열 때마다 현서가 헬게이트라고 놀리면 지지 않고 대거리를 해도 솔직히 몇 번 입지

도 못한, 아니 몇 번 입지도 않은 옷들이 대체 몇 벌이나 있는지
는 은서도 모른다. 엄마가 의류 폐기물과 업사이클링 얘기를 할
때 마치 몸속으로 벌 한 마리가 잘못 날아든 것처럼 따끔거려서
혼이 났던 게 떠올랐다.

'어쩔 수 없지…… . 내일 지연이 좀 꼬셔봐야겠네…… .'

은서는 큰 결심이라도 한 사람처럼 자리에서 벌떡 일어나 옷장
앞으로 다가갔다.

'후읍…… .'

크게 심호흡을 한 번 하고 나서 은서는 옷장 문을 살그머니 잡
아당겼다. 다행히 뭐가 와르르 쏟아지거나 하지는 않았지만 한쪽
만 절반쯤 열린 옷장 문 너머로 무지개떡을 열 단쯤 층층이 쌓아
놓은 것 같은 알록달록한 옷더미가 눈에 들어왔다.

"야! 이지연! 너 오늘 학원 없는 날이지?"

은서는 쉬는 시간이 되자마자 지연이 자리로 쪼르르 달려가 책
상 위에 팔꿈치를 내려놓고 턱을 괴며 물었다.

"응. 근데? 왜에, 또오? 어디 가자고?"

"어! 학교 끝나고 같이 가주는 거다?"

"어디?"

"그건 이따가 얘기해줄게."

"너 혹시 아침에 낑낑거리면서 끌고 온 저것들이랑 관련 있는 거야?"

지연이 교실 뒤쪽 한구석에 차곡차곡 쌓인 종이가방과 커다란 비닐봉지들을 가리켰다.

"난 또 학교에서 무슨 보따리 장사라도 하려는 줄 알았지."

"야! 쓸데없는 소리하지 말고 이따 저거 드는 거나 도와줘."

수업이 모두 끝나고 은서와 지연이 나란히 교문을 나섰다.

"이게 다 옷이라고? 대박……. 이거 왜 이렇게 무거워! 김은서, 대단하다. 티끌 모아 태산이라더니, 다른 티끌을 이렇게 모으지 그랬냐?"

"야, 말 시키지 마, 힘 빠져……. 담을 땐 몰랐는데 이게 무게가 장난이 아니네……."

어젯밤 은서는 관심이 식었거나 유행이 지났거나 너무 마음에 들어서 (색)깔별로 쟁여둔 옷들을 비닐봉지와 종이가방에 주섬주섬 담기 시작했다. 그러다 흥이 과하게 오른 나머지 종이가방 한 개가 두 개가 되고 비닐봉지 한 개가 두 개가 되어버렸던 것이다.

"안 되겠다. 내가 택시비 쏠게, 택시 타고 가자. 고터(고속터미널) 쇼핑 가려고 용돈 모아놓은 건데 이렇게 털리다니, 젠장……."

"이 와중에도 쇼핑 얘기가 나오니, 너는?"

지연이 손에 들고 있던 비닐봉지들을 내려놓고 땀이 송글송글 맺힌 콧잔등을 손으로 훔치며 은서를 흘겨보았다.

은서는 마침 지나가던 빈 택시를 향해 냉큼 손을 들어올렸다.

"기사님, 도봉보건소 사거리 쪽에 세워주세요."

은서와 지연이 낑낑거리며 택시에서 내렸다. 다행히 차가 그렇게 막히지 않아서 마음을 졸였던 것만큼 택시비가 많이 나오지는 않았다.

"여기야!"

은서가 앞장서서 가게 문을 밀고 들어갔다. 갈색 나무판이 유리문을 둘러싸고 있는 가게 입구 위에는 녹색으로 된 '아름다운 가게'라는 간판이 붙어 있었다. 은서는 성큼성큼 가게 안으로 들어가 계산대에 서 있던 안경을 쓴 남자를 향해 외쳤다.

"옷 기부하려고요!"

남자는 "네." 하고 짧게 대답을 하더니 은서와 지연이 등판이 젖을 정도로 힘들게 들고 온 짐들을 혼자 양손으로 가뿐하게 들어 올려 계산대 뒤쪽에 놓여 있는 테이블로 가지고 갔다. 그리고 종이봉투부터 열어 안에 든 옷들을 하나씩 검수하기 시작했다. 그 모습을 지켜보고 있던 은서는 남자의 기계적인 동작이 지루

해지자 슬슬 가게 안으로 눈을 돌렸다. 온갖 종류의 물건들이 가게 안을 빼곡하게 채우고 있었다. 처음 진열대에 놓였을 땐 반짝거리는 자태로 사람들의 마음을 설레게 했을 텐데 어쩌다 이렇게 다시 진열대로 돌아오게 됐을까. 그러다 문득 계산대 위의 작은 카드지갑들이 눈에 띄었다.

"근데요……. 여기 중고 물건만 있는 건 아닌가 봐요? 여기 이 카드지갑은 새것 같은데……."

"아, 그거 아름다운가게에서 만든 브랜드예요. 에코파티메아리라고 국내 최초 업사이클링 브랜드죠."

"아, 업사이클링! 그러면 가죽 분류 작업부터 재료 손질, 디자인이 다 수작업이겠네요? 흠, 가격이 싸지는 않겠군요."

남자가 손에 들고 있던 보라색 티셔츠를 내려놓고 은서를 쳐다보았다.

"업사이클링 제품에 대해 좀 아시나 봐요?"

"조금요."

은서가 씨익 웃으며 대답했다. 남자도 그제야 시종일관 얼굴을 점령하고 있던 무표정을 풀고 눈꼬리를 접으며 미소를 지었다. 그러고는 다시 검수할 옷들로 시선을 돌리며 말을 이어갔다.

"그게 문제죠. 아름다운가게답지 않게 가격이 높아서 한때 그만 접자는 얘기도 나왔었다니까요."

"엥? 그래요?"

"2006년에 한국의 프라이탁을 만들어보자고 야심차게 시작을 했는데 몇 년 동안 계속 적자를 냈거든요. 취지도 좋았고 지갑, 가방, 인형 같은 제품들은 품질도 좋아서 뉴욕 현대미술관에 전시될 만큼 가치도 인정을 받았어요. 그런데 사람들이 도무지 사줘야 말이죠. 우리나라 업사이클링 시장의 전체 규모가 프라이탁이 연간 벌어들이는 금액의 5% 정도라는 거 알아요?"

'헉…… 프라이탁이라면…….'

옷장 안에서 고이 잠자고 있는 흰색 프라이탁 가방이 퍼뜩 떠올랐다. 흰색이라서 때가 탈까 봐 아끼다가 이제는 가끔 손으로 쓸어보기만 하게 된 가방이었다. 그렇지 않아도 지난밤 한참 고민을 했지만, 결국 저 비닐봉지들 속에 넣을 수는 없었다.

"그래도 업사이클링 제품에 대한 인식이 점점 나아지고 있긴 해요. 특히 학생들 같은 젊은 세대들 사이에서요. 그새 업사이클링 브랜드들도 많이 생겼잖아요. 요즘 많이 눈에 띄는 니트 플리츠 가방 알죠? 그게 생수병으로 만든 거예요."

"그 가방 저도 알아요! 저희 엄마도 한때 잘 들고 다니셨거든요."

은서 옆에서 남자와 친구의 대화에 끼어들 틈을 찾고 있던 지연이 말했다.

"그쵸, 재활용 제품이 그렇게 인기를 끌기가 쉽지가 않은데 말이죠. 그런데 그 가방들도 그렇게 저렴하지는 않아요. 버려진 물건들로 새로운 제품을 만들어내려면 손이 많이 가기도 하지만, 새로운 기술이 필요하거든요. 아시아 최초로 천연 코르크나무 껍질과 고무나무로 친환경 신발을 만드는 한 신발 회사는 기술 개발에만 4년이 걸렸대요. 그리고 그림 캔버스를 이용해 가방을 만드는 한 브랜드는 창립자가 화가인 친구에게서 한 해에 8만 장이 넘는 그림들이 버려진다는 얘기를 듣고 회사를 차렸는데 캔버스 코팅 기술을 개발하는 데만 6개월이 넘게 걸렸다더라고요."

"와, 재활용이라고 해서 그냥 수고와 아이디어를 조금 더하는 정도인 줄 알았더니 그게 아니군요."

지연이 감탄한 표정을 지어보였다.

"어때? 나 따라오길 잘했지?"

은서가 지연의 어깨를 툭 쳤다.

"어? 응. 와……. 업사이클링 브랜드가 이렇게 다양하다는 거 처음 알았네. 근데 재활용품이라고 하면 어쩐지 좀……. 헤헤. 그래서 찾아볼 생각도 안 했는데 이거 완전 쿨하잖아? 근데요, 이렇게 디자인도 특이하고 품질도 좋은데 사람들이 왜 안 사는 거죠?"

남자는 지연의 당찬 질문에 검수가 끝난 옷들을 개어서 상자 안에 담다 말고 허허, 하고 웃었다.

"아직까진 업사이클링에 대한 인식이 그렇게 일반적이지 않거든요. 여전히 재활용품으로만 업사이클링 제품들을 보는 것도 문제고요. 학생 찔리라고 하는 말은 아니에요."

남자는 정리가 끝난 상자를 다른 상자들 위에 포개어놓고 난 뒤 다시 계산대로 돌아왔다.

"그렇지만 업사이클링 브랜드들이 꾸준히 포기하지 않고 가다 보면 사람들도 점점 변해갈 거라고 믿어요. 제 개인적인 바람이라면 업사이클링 제품이 국민템이 돼서 전 국민이 업사이클링 제품 하나씩은 사용하는 그런 날이 왔으면 좋겠어요."

"어, 그럼 저도 얼른 업사이클링 제품을 하나 사서 동참을 해야겠네요."

그러면서 주위를 두리번거리는 지연을 향해 남자는 말리는 시늉을 했다.

"아이고, 필요 없는 물건이라면 사지 말아요. 지구는 그걸 더 좋아해요. 알죠?"

"아, 참!"

지연과 은서, 남자는 서로를 쳐다보며 웃음을 터트렸다.

하룻강아지들의 혁명과
꼰대들의 항복

오랜만에 일찌감치 퇴근을 한 이서 씨는 느긋하게 샤워를 하고 텔레비전 앞에 앉았다. 매일같이 수많은 방송 카메라들 앞에서 시간을 보내고 홈쇼핑 채널 수대로 가져다놓은 모니터들을 들여다보지만 일은 일일 뿐. 소파에 몸을 반쯤 파묻고 일반 시청자로 돌아와 한가로이 채널 돌리기를 하는 여유는 전혀 다른 이야기인 것이다.

"엄마, 오늘 웬일이래?"

방에서 나오던 은서가 아예 쿠션을 베개 삼아 소파에 길게 누운 엄마를 발견하고 다가왔다.

"엄마가 이런 날도 있어야지 않겠니?"

이서 씨는 꾸물꾸물 몸을 일으켜 은서가 앉을 자리를 내주었다. 텔레비전 화면에는 경쟁사 홈쇼핑 채널의 쇼호스트가 한창 특가 가을 재킷 판매에 열을 올리고 있는 중이었다.

"어유, 집에서까지 저런 걸 봐야겠어요? 요새 볼 만한 드라마랑 예능이 얼마나 많은데."

"큭큭큭. 그러게나 말이다. 병이야, 병. 그렇지?"

은서는 소파 위에 놓인 리모컨을 가져다가 '음소거' 버튼을 쿡

하고 누르더니 엄마를 향해 몸을 돌려 앉았다. 그러고는 학교가 끝나고 지연이와 함께 아름다운가게에 갔었던 일을 자분자분 풀어놓기 시작했다.

"야, 김은서! 너 물 가지러 간다더니 여기서 뭐 해? 목말라 죽을 뻔했잖아."

방문 앞에 선 현서가 팩하고 소리를 질렀다. 한참 동안 돌아오지 않는 동생을 찾아서 나온 참이었다.

"네 동생이 오늘 현장 학습을 하고 오셨단다."

이서 씨는 현서를 향해 이리로 오라는 손짓을 해보였다.

"너 현장 학습 갔었어? 학교에서 그런 거 없었는데?"

"아름다운가게에 갔었대."

소파에 걸터앉는 현서를 향해 이서 씨가 대신 대답했다.

"아름다운가게요? 재활용품 파는? 네가 거길 왜? 거기 네가 살 게 뭐가 있다고?"

"아이참. 난 뭐 맨날 쇼핑만 하고 다니는 줄 알아? 언니가 하도 구박을 해서 옷장 정리 좀 했다, 왜!"

"아, 큭큭큭. 그래서 엄마가 현장 학습이라고 하신 거구나? 아름다운가게, 거기 유명하잖아. 가보니까 어때?"

은서는 느닷없이 나타나 대화에 끼어든 현서를 쳐다보며 이마를 찌푸려 보이고는 다시 엄마를 향해 고개를 돌렸다.

"가게는 여기저기 많고 유명한데, 아직 한국에서 재활용품에 대한 인식이나 업사이클링 브랜드에 대한 인지도가 많이 낮대요. 그 아저씨 얘기를 듣는데 좀 안타깝더라고요."

"음, 그건 아직 한국에서 업사이클링이 초기 단계라 그래. 그렇지만 그 아저씨 말씀대로 업사이클링이 대세가 되는 날이 올 거야. 친환경과 가치 소비 트렌드가 계속되다 보면 브랜드들이 그 흐름을 외면할 수가 없지. 그건 오랜 전통과 역사를 자랑하는 명품 브랜드들도 예외가 아니고 말이야."

은서가 '명품'이라는 말에 귀를 쫑긋 세웠다.

"우와! 그 자존심 센 명품 브랜드들까지요?"

"응. 제품의 희소성이 떨어질까 봐 재고들은 세일가로 파는 대신 몽땅 태워버리는 관행을 계속해서 환경단체들로부터 엄청난 비난을 받아왔던 그 똥고집 꼰대 명품 브랜드들까지 말이야."

엄마의 말에 자매의 눈이 접시만큼 커졌다.

"뭐라고요? 그 비싼 걸 다 태워서 없앴다고요? 미쳤나 봐!"

은서가 깜짝 놀라서 외쳤다.

"그걸 태우면서 일어나는 환경 오염은 안중에도 없나 보죠? 쯧쯧쯧."

현서는 도리질을 하며 혀를 찼다.

"2018년 한 해에만 무려 400억 원어치의 재고 제품을 태워 없앤 영국 명품 브랜드 버버리Burberry가 제일 먼저 나서서 2040년까지 '기후 포지티브' 기업이 되겠다는 공약을 발표했단다. 그리고 한 해 무려 9,000억에 가까운 신제품들을 소각해 온 루이 뷔통은 2021년 남성복 컬렉션에서 전 시즌에서 사용하고 남은 천들로 만든 옷들을 선보였어. 세상이 변하고 있는데 아무리 100년 넘게 살아남은 명품 브랜드들이라도 버텨봤자지."

"오, 재활용 바람이 세긴 센가 봐요. 하룻강아지 앞에서 공룡이 두 손을 번쩍 들고 있는 것 같아서 좀 통쾌하기도 한데요? 히힛."

현서가 박수를 치며 키득거렸다.

"그러면 업사이클링은요? 업사이클링을 하는 명품 브랜드도 있나요?"

은서가 물었다.

"당연하지. 이탈리아의 럭셔리 브랜드 미우미우Miu Miu는 30년 된 리바이스 청바지에 크리스탈과 진주, 가죽 패치 등을 수작업으로 붙여서 업사이클링 컬렉션을 선보였지. 딱 1,000개 한정 수량으로 말이야. 프랑스 브랜드 클로에Chloe는 자사의 중고 가방 50개를 사

버섯 가죽으로 만든 재킷과 장갑

들여서 만든 업사이클링 가방을 패션쇼에 내놨어. 한 개당 가격이 400만 원이 넘는데도 패션쇼가 끝나자마자 매진이 됐다지. 세상에 하나밖에 없는 가방들이라 그랬던 걸까? 그중에서도 동물 애호가에 채식주의자로 소문난 스텔라 매카트니Stella McCartney는 자신의 브랜드에서 동물 가죽을 사용하지 않는 것으로 유명한데, 이번에 정말 획기적인 옷을 선보였더구나. 바로 '버섯 가죽●'으로 만든 옷이야."

"버섯으로 가죽을 만든다고요?"

현서가 놀라며 물었다.

"그렇다니까. 바이오 소재를 의류로 만든 최초의 럭셔리 패션 디자이너가 된 거지. 심지어 명품 위의 명품이라고 불리는 에르메스까지 버섯 가죽 제작 특허를 가진 미국의 바이오테크 기업과 독점 계약을 맺어서 처음으로 버섯 가죽으로 만든 가방을 출시한다고 하던걸? 에르메스는 전통과 장인 정신에 대한 긍지가 높아

●**버섯 가죽**
캘리포니아에 있는 마이코웍스(MycoWorks)사는 말굽버섯류의 균사체인 마이셀리움(Mycelium)의 특허를 가지고 있다. 균사란 버섯의 몸체를 말하는데, 원하는 형태의 틀을 만들고 그 안에서 균사들이 서로 얽혀 균일하고 밀도 높은 균사체를 형성하도록 키우면 동물 가죽과 다를 바 없는 촉감과 내구성을 지닌 버섯 가죽을 생산할 수 있다. 에르메스와의 계약으로 개발한 신소재 '실바니아'는 인조 가죽이나 동물 가죽 제품에 비해 탄소 배출량이 월등하게 적은 것이 특징이다. 에르메스의 버섯 가죽 가방은 소재의 차이만 있을 뿐 자체 가죽 공방에서 이전과 동일한 공정으로 제작된다고.

서 늘 최고 품질의 가죽만을 고집해왔거든. 다른 명품 브랜드들이 악어와 타조 가죽을 쓰지 않겠다고 선언했을 때도 에르메스만은 동참하지 않았어. 그 유명한 버킨백 이름의 주인공인 프랑스의 여배우 제인 버킨이 악어가죽을 계속 쓸 거면 자신의 이름을 빼달라고 했는데 단칼에 거절했지. 그런데 버섯 가죽이라니. 정말 혁신적인 변화 아니니?"

은서는 몇 대를 물려가며 쓴다는 고급스러운 가죽 가방이 버섯 머리처럼 쉽게 부서지는 상상을 하며 혼자 고개를 내저었다.

"그렇지만 브랜드의 명성에 대한 사람들의 기대치나 이미지가 있는데 브랜드의 정체성까지 흔들리는 건 아닐까요?"

이서 씨는 은서의 질문에 대답 대신 왼쪽 팔을 공중으로 치켜들고 가볍게 흔들었다. 팔목을 감싼 은색 팔찌에 달린 진주와 왕관, 스페이드 모양의 장식들이 짤그랑거리는 소리를 냈다.

"이건 엄마가 2년 전엔가 방송으로 시계랑 같이 세트로 팔았던 거야. 이 팔찌를 만든 회사가 세계 1위의 귀금속 브랜드인데 광산 채굴로 생산된 다이아몬드를 판매하지 않겠다고 공식 선언을 했단다. 세계 최대의 다이아몬드 생산국인 아프리카 시에라리온의 다이아몬드는 일명 '피의 다이아몬드'라고 불리지. 다이아몬드 수익금이 폭력 단체들의 무기 구입에 쓰이기 때문인데, 이로 인한 국제적인 비난이 끊이지 않았어."

"오, 그러니까 가치를 추구하는 소비자들이 다수가 되면서 브랜드들도 그 가치를 받아들이게 되는 거군요."

현서의 눈이 반짝하고 빛났다.

"그렇지. 그리고 결정적인 변화는 예전에는 기업들이 그저 소비자의 기호 변화나 입맛에 구색 맞추기를 하는 정도였다면 지금은 진짜 소비자들과 나란히 지구의 미래를 걱정하는 입장에 섰다는 거야. 환경 보호는 이제 그냥 말뿐인 캠페인이 아니라 우리 모두의 생존을 위한 절대적 숙제가 된 거지."

"근데요……."

잠시 생각에 잠긴 표정이던 은서가 입을 열었다.

"전 좀 마음에 걸리는 것이 있어요."

"그게 뭔데?"

이서 씨가 부드러운 목소리로 물었다.

"명품 브랜드들이 업사이클링을 시도하고, 환경 보호에 동참하는 브랜드들이 많아지는 건 분명 좋은 변화라고 생각하는데요. 환경을 생각하는 제품들이 우리가 그동안 평상시에 써오던 제품들보다 가격대가 높잖아요. 물론 좀 비싸더라도 나에게 가치가 있는 걸 선택하는 게 가치 소비라고 하지만 너도나도 지구의 미래를 위해 친환경 제품을 사야 한다고 하니까 거기에 동참하지 않으면 내가 뭔가 뒤떨어지거나 의식이 없는 사람처럼 느껴질 것 같아요."

은서는 언니가 들여다보고 있던 컴퓨터 화면 속의 운동화들을 떠올렸다. 아무리 그것들이 지구를 구할 수 있는 브랜드라고 해도 사고 싶은 마음이 조금도 들지 않는 것이다.

"그렇지 않아도 너희들한테 가치 소비에 대해 좀 더 진지하게 생각을 해보라고 얘기하려던 참이었어. 요즘 하도 여기저기에서 가치 소비에 대한 이야기가 나오고 SNS에서도 핫한 키워드 중 하나이다 보니 어쩐지 '나 가치 소비한다'는 게 일종의 유행처럼 번지고 있는 것 같아서 말이야. 물론 진정한 환경 의식과 공동체 정신으로 자신의 소비의 기준을 확고하게 갖고 있는 사람들도 많겠지만, 그저 시류에 휩쓸려가는 사람들도 분명 있을 거란 말이지. 왜냐하면 진짜 환경을 생각한다면 물건은 안 살수록 좋은 거거든. 그리고 진짜 환경을 생각한다면 물건은 안 만들수록 좋은 거고 말이야."

"앗! 맞아요. 아까 아름다운가게의 그 아저씨도 지연이가 업사이클링 제품을 사야겠다고 하니까 말리시면서 지구는 안 사는 걸 더 좋아한다고 하시더라고요."

"그렇지. 이거 현장 학습이 효과가 좋은걸?"

이서 씨가 은서의 등을 툭툭 두드리며 말했다.

"사실 동물 가죽 대신 친환경 소재의 가죽을 쓴다고 해도 정도의 차이가 있을 뿐 제조 과정에서 합성 약품이 사용되고 탄소가 배출되는 건 마찬가지이고 인조 모피는 플라스틱을 입고 다니는 것과 다를 게 없으니까. 남들이 '쿨'하다고 생각하는 친환경 브랜드라서 갖고 싶고, 업사이클링 제품이 뜨니까 나도 하나쯤은 있어야 할 것 같고, 이런 마음인 건 아닌지 다시 한번 돌아볼 필요가 있을 것 같아."

현서와 은서는 엄마의 말을 들으며 나란히 고개를 끄덕거렸다.

방송 스케줄이 없는 날은 집으로 향하는 마음도 발걸음도 팔랑거리는 깃털처럼 가벼운 게 보통이다. 그런데 오늘 퇴근길에 나선 이서 씨의 얼굴에는 먹구름이 끼다 못해 역대급 태풍이 휘몰아치는 중이다.

"어휴, 내가 이놈의 일을 확 때려치우든가 해야지, 진짜 열받아서……."

회사 주차장에서 차문을 열고 조수석으로 가방을 팽개치듯 던지던 그 순간부터 아파트 주차장으로 들어서는 지금까지 차 안에는 이서 씨의 혼잣말이 틀어놓은 라디오처럼 이어지고 있었다. 대놓고 '노!'라고 거절을 못하는 이놈의 '다정이 병' 때문이라고 자책도 해봤지만 이미 늦었다. 원래 스케줄에 없었는데 어쩌다 "이서 씨가 이거 한 번만 해줘."라는 부탁과 함께 맡게 된 방송이 사달의 시작이었다.

번갯불에 콩 볶듯 자료 조사를 하고 마라톤 회의가 이어지는 동안 속에서 부글부글 열이 치받쳐 올라왔다. 신생 중소기업 제품인 데다 매출 '사이즈'도 그렇게 잘 나올 것 같지 않은 방송을 벼락치기로 하라니. 처음 있는 일도 아니긴 했지만 후배들 다 놔두고 '왜 하필 나'인지가 못마땅하지 않을 수가 없었다. 그리고 걸을 때마다 발바닥을 콕콕 찌르는 신발 속 작은 돌처럼 내내 마음에 걸리는 점 하나가 있었다. 그때 그만뒀어야 했던 거였다.

방송 전 쇼호스트가 미리 제품을 써보는 건 당연한 절차다. 그래야 제품 정보를 보다 자세하고 정확하게 전달할 수 있고, '당신에게 이 제품이 필요한 이유는 바로 이것'이라고 권할 이유와 명분을 분명하게 찍어낼 수 있다. 홈쇼핑에서 판매하는 제품들은 물론 국내외 유명 브랜드들도 있지만, 중소기업 제품이 70%에 이른다. 그래서 홈쇼핑을 '중소기업의 등용문'이라고 부르기도 하는 것이다. 소비자들 입장에서야 생소한 회사의 상품을 덥석 사기가 어려운 것이 당연하기에 쇼호스트의 역할이 중요하다. 브랜드 스토리부터 회사에 대한 정보, 제품 사용법 및 세세한 후기까지 다 챙겨서 신뢰를 주어야 한다. 그런데 시간이 너무 부족했다.

"그 화장품에 스테로이드가 그렇게 많이 들어가 있는 줄 제가 어떻게 알았겠어요! 시간이 좀 있어서 제대로 써보기라도 했으면 몰라, 이건 뭐 어느 줄을 타고 내려온 건지 그냥 무조건 완판만 시켜 달라……. 아, 그래서 완판 시켜드렸잖아요!"

아까부터 팔짱을 낀 채 창밖만 보고 있는 방송부장을 향해 이서 씨는 속이 타서 외쳤다. 방송 후 사용자 후기로 얼굴에 염증이 생겼다는 항의글이 올라오더니 부작용 댓글이 이어지고 결국 '스테로이드 함유 화장품' 논란에 제대로 휘말려들고 만 것이다.

"아이참, 왜 그래, 이서 씨. 우리 회사 대표 선수께서 장사 하루 이틀 하는 것도 아니고. 결국 다 지나가게 되어 있다는 거 알잖아? 좀 지켜보자구. 근데 말이야……. 식약처 발표가 나가고 나서 게시판이랑 커뮤니티 쪽이 좀……. 그래서 말인데, 우리 이서 씨가 거기다가 눈 딱 감고 글 한 번만 올려주면 안 될까?"

"제가 왜요!"

이서 씨는 최근 게시판에 올라온 글들을 떠올렸다. 판매한 제품에 문제가 생기면 제일 먼저 시달리는 게 쇼호스트다. 자신의 이름과 얼굴을 걸고 방송을 하는 것이니 어쩌면 당연한 일일 것이다. '자신을 믿고 사라 했던 쇼호스트……', '진정성 있는 척 가식 떠는 모습……', '돈이 된다면 뭐든 다 파는 홈쇼핑……', '팔 때 식구들이 다 써봤다고……' 문제가 있는 제품과 회사에 대한 비난이 어느 순간부턴가 방송을 이끈 이서 씨에게로 폭주했다. 물론 '제조사 책임이지 쇼호스트 탓을 왜 하느냐', '마녀사냥은 그만

'하자'며 편을 들어주는 글도 있었지만 책임감 있게 사과라도 하라는 쪽이 대세였다.

"휴우우우우우우······."

이서 씨는 거실 소파에 내던지듯 몸을 묻고 하루 종일 숨도 못 쉰 사람마냥 길고 긴 한숨부터 내쉬었다. 엄마가 집에 들어오는 소리에 인사를 하러 방에서 나오던 쌍둥이 자매는 그런 엄마를 보자마자 한걸음에 달려왔다.

"엄마, 왜 그래요? 무슨 일 있었어요?"

은서가 곁으로 바짝 다가앉으며 걱정스러운 목소리로 물었다. 한 손으로 이마를 짚고 눈을 질끈 감은 채 말없이 있던 엄마가 마침내 몸을 일으키며 입을 열었다.

"까짓것. 써달라면 써주고 돌 던지면 좀 맞지 뭐. 그치, 얘들아?"

조금은 밝아진 목소리로 이서 씨는 양 옆에 앉은 두 딸을 번갈아 쳐다보며 엷은 미소를 지었다.

현서와 은서는 회사에서 벌어진 일을 간단하게 설명해주는 엄마의 얼굴을 뚫어져라 쳐다보고 있었다.

"아이참! 엄마는 회사에서 하라니까 한 것뿐이잖아요! 그러니까 그런 듣보잡 브랜드를 왜 홈쇼핑에서 방송해주냐구요!"

은서는 화가 나서 벌게진 얼굴로 펄쩍 뛰며 목소리를 높였다.

"야, 원래 홈쇼핑이 그런 거야. 유명한 대기업 브랜드면 그렇게 한 시간씩 들여서 방송을 할 필요가 없잖아. 누구나 다 아는 건데."

현서가 은서를 향해 쏘아붙이듯 말했다.

"언니는 지금 이 상황에서 회사 편을 드는 거야?"

"누구 편을 드는 게 아니라 사실을 얘기하는 거잖아. 그리고 네가 말하는 그런 듣보잡 브랜드들을 소개하고 판매하는 게 엄마가 하는 일이거든."

"워워, 지금 엄마가 너희들 싸움까지 말려야겠니?"

이서 씨가 쌍둥이의 어깨를 양팔로 감싸 안았다.

"그리고 김은서 양, 듣보잡 브랜드가 아니라 중소기업 브랜드지. 이번 일은 엄마도 열받지만 듣보잡처럼 깎아내리는 말을 들을 만한 데가 아니라 좋은 중소기업 브랜드들도 얼마나 많은데. 좋은 기술력으로 훌륭한 제품을 만들어놓고도 광고홍보비를 감당하지 못해서 판로를 개척하지 못한 중소기업들을 발굴해서 기회를 주는 게 홈쇼핑의 역할이야. 그렇게 해서 유명 브랜드로 성장한 것들이 꽤 있단다. 스팀청소기, 옥돌매트, 착즙기, 밀폐용기, 진공 포장기, 얼굴의 잡티를 감쪽같이 가려준다는 화장품……."

들여다보기 **성공한 중소기업 브랜드**

중소기업 브랜드 중에서도 이름 자체가 한 품목의 대명사처럼 불리는 것들이 있다. 대표적인 것이 바로 김치 냉장고의 대명사 '딤채'. 딤채를 만드는 회사는 만도기계라는 자동차 부품 회사로, 대기업들이 주도권을 잡고 있는 가전제품 분야에 뛰어들었다. 엄청난 모험이었지만 기술력에 대한 믿음으로 발매 첫해 대히트를 기록했다.

대만의 컴퓨터 위탁 생산 업체인 에이수스ASUS는 2007년 자사 브랜드의 첫 컴퓨터를 미국 시장에 출시했다. 경쟁사들은 인지도가 전혀 없는 브랜드의 컴퓨터를 누가 사겠느냐고 했지만 에이수스의 첫 컴퓨터였던 'Eee PC'는 가벼운 무게와 품질, 저렴한 가격으로 대박을 쳤고 에이수스는 세계 5위의 컴퓨터 회사로 성장했다.

"그럼 작은 브랜드가 성공하려면 품질만 갖추면 되는 건가요?"

현서가 물었다.

"응? 아, 꼭 그런 건 아니란다. 품질 외에도 참신한 아이디어나 브랜드만의 철학으로 성공한 기업들이 있지. 예를 들면 에버레인 Everlane처럼 말이야. 2011년에 설립된 온라인 의류쇼핑몰 에버레인은 불과 5년 만에 기업 가치가 3,000억에 이르는 대성공을 거뒀지."

"헉! 말도 안 돼! 어떻게 그런 일이 있을 수가 있죠? 옷이 뭔가 특별했나요?"

은서가 놀라며 물었다. 5년 만에 3,000억이라니!

"아니, 전혀! 오히려 단순한 기본 디자인의 옷들이지. 이 브랜드의 특별한 차별점은 옷이 아니야. 창립자인 마이클 프레이스만 Michael Preysman은 원래 벤처캐피털 일을 했는데 그때 패션 회사들이 원가 7,000원짜리 옷을 5만 원에 판다는 걸 알게 된 거야. 이건 뭔가 잘못됐다는 생각을 한 그는 유통 마진을 최소화해서 남들은 5만 원에 파는 옷을 1만 5,000원에 팔면서 재료비, 인건비, 세금, 운송비까지 모든 내역을 싹 다 공개했어. 오프라인 매장 하나 없이 온라인으로만 물건을 팔면서 이렇게 성공할 수 있었던 건 과도한 이윤을 취하지 않겠다는 브랜드의 약속이 제대로 먹힌 거지."

"와, 충격. 원가가 7,000원인데 소비자 가격이 5만 원이라고 요?"

은서가 이마를 잔뜩 찌푸렸다.

"작고 똑똑한 브랜드들이 혁명을 일으키는 거야."

현서가 진지한 목소리로 말했다.

"아무리 그래도 삼성은 삼성, 애플은 애플, 샤넬은 샤넬이 지……."

은서가 혼잣말처럼 중얼거렸다.

영원한 꽃밭은 없다

"야, 너 그거 들었어? LG폰 없어진다며?"

누군가의 한 마디에 벌집에 돌을 던진 것처럼 현서네 교실이 시끄러워지기 시작했다.

"엥? 뭔 소리야, 내 폰 LG 건데!"

"나도!"

"어디서 또 헛소문 주워들은 거지?"

"진짜야! 니넨 어디 딴 나라 사냐? 그러게 예능 작작 보고 뉴스 좀 보고 살아라."

옹기종기 모여든 아이들은 온갖 '카더라' 통신을 주고받으며 각자 핸드폰을 꺼내서 서로 다른 회사 제품의 품평회까지 벌였다. 현서도 LG폰을 쓰고 있지만 아빠가 쓰시던 걸 물려받은 구식폰이었다.

"야, 김현서, 너는 구석기 LG지? 구석기로 버티길 잘했다, 야. 난 이거 생일이라고 몇 달 전부터 졸라서 겨우 산 건데, 하필……. 아 놔, 이거 진짜 배신 아니냐, 배신?"

혜지는 생일 다음 날 교실에 등장하는 순간부터 자랑스럽게 손에 들고 최신형이라고 으스대던 핸드폰을 공중에서 함부로 흔들며 성난 목소리로 투덜거렸다. 친구들이 과자 먹던 손으로 만지려고만 해도 조바심을 치던 핸드폰이었다.

"쓰던 거 계속 쓰면 된다는데, 뭐가 문제이실까?"

현서가 심드렁하게 대답하자 혜지의 눈이 샐쭉하게 가늘어졌다.

"어쭈. 넌 언제 쓰레기통에 처박아도 아깝지 않은 구석기 폰이니까 괜찮다 이거지? 브랜드가 없어진다잖아, 브랜드가! 어떻게 대기업이 이럴 수가 있어? 이게 말이 돼? 상상도 못했다, 진짜. 와!"

그날 엄마의 퇴근과 함께 세 모녀가 다시 거실에 옹기종기 모이자마자 현서는 아침에 교실에서 벌어졌던 작은 소동을 떠올렸다. 내로라하는 대기업 브랜드가 하루아침에 사업을 접고 시장에서 철수를 한다는 건 놀라운 일이었다.

"친구들이 난리였어요. LG폰으로 갈아탔던 애들이 어떻게 사자마자 단종이 될 수 있냐고요."

"하하하, 그럴 만도 해. 스마트폰 사업 하나 접는다고 그 브랜드 자체가 없어지는 건 아니지만, 브랜드 이름이 신뢰를 증명한다는 믿음을 깨는 좋은 예지. 영원한 강자란 없거든. 시대의 흐름을 발 빠르게 맞춰가지 않으면 어떤 브랜드라도 도태될 수밖에 없어."

"어떤 브랜드라도요?"

은서가 물었다.

"2017년 스웨덴에 '실패 박물관'이라는 곳이 문을 열었어. 세계적으로 유명한 글로벌 기업들의 실패작 100여 개를 모아놓은 박물관이지. 한 마디로 말해서 파워 브랜드들의 '흑역사 모음'이랄까? 애플에서 1993년 아이패드의 원조격인 전자 비서 '뉴턴'을 선보였는데, 휴대가 어렵고 필체 인식이 완벽하지 않아서 온갖 혹평 속에 사라지고 말았지. 구글에서는 2013년 스마트 안경인 '구글 글래스'를 내놨는데 쓰기 거추장스럽고 가격도 비싼 데다 사용자가 적응할 때까지 걸리는 시간이 너무 길어서 불과 2년 만에 막을 내렸어. 이밖에도 커피와 콜라를 결합한 코카콜라 블랙, 초

록색 케첩, 무지방 감자칩처럼 세계적으로 유명한 기업들의 '망작'이 꽤 있단다."

은서는 깜짝 놀랐다. 실패라고는 모를 것 같은 유명 브랜드들이 공들여 준비했을 게 분명한 신제품이 그렇게 철저하게 사람들의 외면을 받을 수도 있다니.

"흐흐흐. 유명세만 믿고 너무 야심만만했던 거 아닌가요?"

현서가 웃으며 말했다.

"유명 브랜드만 그런 게 아니야. 요즘 대세인 친환경이나 사회적 가치를 추구하는 착한 브랜드들도 예외가 아니란다."

이서 씨

브랜드 철학을 고집스럽게 지켜가는 건 분명 멋진 일이지만, 윤리적 가치가 다는 아니야. 일명 '국민 신발'이라고까지 불릴 정도로 인기를 모으던 탐스Toms라는 브랜드를 기억하니? 너희들이 좀 더 어렸을 때 엄마가 한 켤레씩 사줬었는데.

'한 켤레를 사면 한 켤레가 기부됩니다'라는 원포원One for One 마케팅으로 유명했지. 내가 신발 한 켤레를 사면 맨발로 다니는 빈

곤국의 어린이에게 신발 한 켤레가 자동으로 기부된다니, 이왕 돈 쓰는 거 좋은 일도 하는 겸 안 살 수가 없잖아? 탐스는 '착한 브랜드', '착한 소비' 트렌드와 맞물리면서 2012년 매출 6,000억, 기부한 신발만 5,000만 켤레에 이르는 글로벌 기업이 됐는데 2014년부터 하락세를 기록하더니 14년 만에 결국 부도가 나고 말았단다.

이유는 간단해. 시시각각 변하는 저녁노을 같은 소비자의 마음을 사로잡을 신제품을 내놓지 못했던 거야. 그 대신 '착한 기업'의 이미지를 위해 새로운 기부 프로그램을 개발하는 데 더 주력하면서 신발 회사로서의 본분을 잃은 거지.

'착한 기업'이라고 해서 브랜드의 정체성을 오직 '착한 소비'에만 의존하면 안 된다는 것을 증명해주는 브랜드가 또 있어. 와비파커Warby Parker라는 안경 회사인데 이 회사도 탐스와 마찬가지로 '하나 사면 하나는 기부'를 하는 원포원 마케팅을 해. 착한 기업이지. 그런데 탐스와 달리 와비파커는 매년 꾸준히 성장하면서 2019년까지 약 500만 쌍의 안경을 기부했어. 과연 탐스와 와비파커의 차이는 무엇이었을까?

사실 와비파커도 창업 초기에는 탐스처럼 기부 프로그램을 전면에 내세워서 '착한 기업'의 이미지를 강조했었지. 그런데 어느 날 패션지와 인터뷰를 하던 대표가 뭔가 깨달음을 얻은 거야. 기부 실적을 자랑하는 그에게 기자가 이렇게 말했거든. "취지도 좋고 사람들도 감동을 받기는 하겠지만 그렇다고 물건을 사지는 않을 것 같은데요.”

아무리 '착한 기업'의 제품이라고 해도 제품이 마음에 들어야 지갑을 열지. 안 그래? 그래서 와비파커는 그때부터 브랜드의 마케팅 방향을 대대적으로 바꾸기 시작했단다. 고급 재료를 사용한 안경테의 품질을 내세우고 광고 사진도 감각적인 디자인이 돋보이도록 새로 만들었어. 그리고 인기 디자인을 분석해서 신제품 개발에 힘을 쏟았지. 기부 프로그램은 브랜드가 추구하는 '가치'로 남겨두고 말이야. 탐스는 '뭘 팔아야 할지, 뭘 잘하는지를 고민한 게 아니라 뭘 기부할까를 고민했었다'고 후회했지만 이미 늦은 뒤였고, 와비파커는 아무리 착한 브랜드라도 브랜드의 매력은 제품에서 나오는 것이라는 걸 다행히 일찍 깨달은 거지.

“착한 브랜드라고 사람들이 무작정 밀어주는 건 아니네요.”

은서가 지연이와 함께 갔던 아름다운가게를 떠올리며 말했다.

“그럼. 브랜드로서 살아남기 위해서는 착한 것만으로는 한계가 있지. 상품으로서의 가치가 먼저야.”

이서 씨는 회사 차원에서 사과문을 두 번에 걸쳐 올리고 제품 리콜을 시작하고 나서 슬슬 진정 국면에 접어든 지난번 스테로이드 화장품 사태를 떠올렸다. 그때 꺼림칙했던 방송을 딱 부러지게 거절하지 못했던 자신을 얼마나 원망했던가. 아무렴, 착한 것만으로 헤쳐나갈 수 있는 세상이 아니고말고.

"전 오히려 착한 기업이 품질에 더 신경을 써야 한다고 생각해요."

현서가 예의 그 야무진 목소리로 입을 열었다.

"보통 친환경이나 재활용 제품이라고 하면 가치 소비를 중요하게 생각하는 소비자라도 품질에 대한 기대를 낮추기가 쉽잖아요. 그런 인식을 바꾸기 위해서라도 최고의 품질을 추구하는 게 중요한 거죠."

"아우!"

은서가 두 손으로 머리통을 움켜쥔 채 고개를 좌우로 흔들었다.

"이건 뭐 학교에서 왕따 안 당하고 성공적으로 살아남기랑 별 차이가 없네요? 일등만 한다고 다가 아니고 착하기만 해서도 안 되고 눈에 띄게 잘하는 것도 있어야 하고……. 차라리 브랜드라는 게 없으면 어떨까요? 물론 그럴 수야 없겠지만……."

"응? 그럴 수 없다고 누가 그래?"

현서와 은서는 누가 먼저랄 것도 없이 엄마를 쳐다보았다.

"브랜드 사망 선고는 이미 내려졌는걸."

이서 씨

이전까지의 소비자 심리 이론에 따르면 멋지게 꾸며놓은 매장과 비싼 가격표, 그럴듯한 브랜드 이름, 이렇게 삼박자가 맞아 떨어져야 소비자들이 "비싼 게 뭐가 달라도 다르겠지." 하면서 안심하고 지갑을 여는 브랜드 전성시대였지. 그런데 MZ세대가 시장의 주도권을 쥐면서부터 브랜드보다 제품 자체를 따지는 '노브랜딩No branding 전략'이 성공을 거두고 있어. 그 대표적인 업체들 중 하나가 2017년 문을 연 미국의 온라인 쇼핑몰 브랜드리스Brandless야. '브랜드가 없다'는 뜻이지.

간편 식품부터 가사용품, 화장품, 생활용품 등 400여 가지의 제품을 파는데 전 제품 균일가 3,000원! 이러면 뭔가 저렴한 제품들만 모아놓은 곳처럼 들리겠지만 천만의 말씀! 모두가 고품질의 친환경 제품들이야. 불필요한 것을 없애는 전략으로 제품가격에 소비자들도 모르게 반영되는 브랜드료, 광고료, 유통 마진, 패키징 비용 등을 덜어내서 가격을 낮춘 거지. 이 가격의 차이를 브랜드 세금Brand Tax이라고 불렀어. 우리가 흔히 말하는 소위 '브랜드값'인 거지.

이렇게 획기적인 시도가 보란 듯이 성공을 했으면 정말 좋았겠지만 초반에 글로벌 기업들로부터 3,500억에 달하는 투자를 받으며 초고속으로 성장 가도를 달리다가 3년 만에 문을 닫고 말았단다. 역시 브랜드가 없으면 안 되는 것이었을까? 그건 아니야. 브랜드리스의 실패에는 여러 가지 요인들이 있지만, 일단 '3,000원 가격 제한'이 제일 큰 장애물이었어. 파격적인 가성비를 맞추려다 보니 포장이나 배송 같은 다른 서비스가 소홀해진 거지.

이런 브랜드가 없는 브랜드가 미국에만 있는 건 아니야. 이마트가 2015년 자체 브랜드로 출범시킨 노브랜드No Brand는 '가성비가 브랜드'라고 할 만큼 강력한 가성비를 앞세운 제품들로 승부를 걸었지. '질 좋은 제품을 더 싸게 팔아보자'는 컨셉은 브랜드리스와 마찬가지였지만, 노브랜드의 성공이 순전히 '싼 가격' 때문이라고 생각한다면 그건 이 브랜드를 절반만 본 것과 같아.

노브랜드 역시 브랜드리스처럼 잘 기획된 브랜드야. 브랜드라고 선언하지 않는 영리한 '브랜딩'과 디자인을 최소화한 '디자인'이라는 핵심 전략으로 제품 이름과 필수적인 기능만 적힌 가장 단순한 포장, 다른 회사 제품의 3분의 1 정도의 가격, 홍보에 대한 투자는 제로. 그런데 입소문을 타고 '대박'이 난 거야. 아무 기대 없이 그저 '싼 맛'에 물건을 샀던 소비자들이 '기대 밖의 품질'에 놀란 거지.

노브랜드는 제품 수를 계속 늘려가면서도 필수적인 것만 남긴다는 원칙을 철저하게 지켰어. 초콜릿은 팔지만 과일이나 견과류를 넣은 초콜릿은 없는 것처럼 말이야. 브랜드리스는 실패하고 노브랜드는 성공했던 요인 중의 하나가 바로 이 점이지. 브랜드리스와 달리 노브랜드는 처음부터 '경쟁 제품'을 기준으로 삼지 않고 소비자들의 필요와 가격 거품을 뺀 제품에 초점을 맞춘 거야.

이제는 브랜드 파워나 가성비, 어느 한 가지만으로는 살아남기 힘든 무한경쟁 시대야. 소비자들은 이미 브랜드의 거품을 걷어내는 힘을 기르고 있거든. 그래서 '브랜드는 죽었다'고까지 선언한 학자도 있었지만, 살아남는 브랜드들은 당연히 있지. 바로 자신의 가치와 진정성을 스스로 증명해 보인 브랜드들 말이야.

"······."

이서 씨는 잠시 말을 멈추고 양옆을 번갈아 쳐다보았다. 숨 쉬는 것도 잊은 것 같은 네 개의 진지한 눈동자가 엄마의 얼굴을 뚫어져라 보고 있었다.

처음 입을 연 것은 현서였다.

"사실 처음 브랜드에 대해 조사를 하기 시작한 건 순전히 은서랑 싸우다가 열받아서였거든요. 전 명품이나 쇼핑에 관심도 없고 브랜드라고 하면 그저 '쓸데없이 비싼 이름값' 정도로만 생각했었어요. 그런데 엄마가 해주시는 브랜드 이야기를 들으면서 이것저 것 찾다 보니 브랜드란 게 그저 물건에 붙은 라벨 이상의 의미가 있다는 걸 알았어요. 뭐든 자세히 봐야 보인다더니 브랜드도 마 찬가지였어요."

"내 말이! 우리가 이렇게 같은 마음이었던 게 언제가 마지막이 었더라?"

은서가 맞장구를 치며 끼어들었다.

"전 브랜드, 하면 일단 명품. 최고의 품질. 비싼 가격표. 이게 당연한 거였거든요. 그리고 그런 브랜드들이 영원히 사랑받는 거라고 생각했어요. 그런데 자신의 가치와 진정성을 증명하는 브랜드가 결국 살아남는다니 브랜드도 사람이나 마찬가지인 것 같아요."

이서 씨는 은서의 말을 들으며 미소를 지었다. 그녀에게 딸들 은 타임머신이 부착된 거울과도 같다. 너무나 명확한 세대 차이 를 느끼게 만들기도 하고 때늦은 반성을 하게 만들기도 한다. 오 늘은 후자 쪽이었다. 중학교 사회 선생님이었던 아빠는 시시때때 로 딸에게 신문에 나오는 사회문제에 대해 의견을 묻곤 하셨다. 그러나 이서 씨는 행여 수박이라도 먹다가 아빠의 골치 아픈 질 문이 시작될 것 같으면 먹던 수박도 도로 내려놓고 냅다 방으로 대피를 하곤 했다. 아빠의 잔소리가 뒤통수에 달리면 "난 영어 수학 공부하기도 바빠!" 하고 말대꾸를 날렸다. 그런데 이렇게 열심히 귀를 쫑긋 세우고 있는 쌍둥이를 보니 그 시절의 아빠에게 슬그머니 죄송한 마음이 드는 것이다. 이서 씨는 양손으로 두 아이의 머리를 가만히 쓰다듬으며 말했다.

"브랜드가 사람이나 마찬가지인 게 아니라 사람도 브랜드가 될 수 있어. 너도 그리고 너도 말이야."

✱ 와비파커 WARBY PARKER

와비파커는 미국의 안경 값이 너무 비싼 것에 불만을 품은 와튼스쿨 동창생 4명이 2010년 창업한 회사로, '홈 트라이 온Home Try-On' 서비스로 창업 첫해에만 2만 개의 안경을 판매하는 데 성공했다. 이는 소비자가 고른 5개의 안경 샘플을 집으로 배송 받아 5일 동안 착용해본 뒤 가장 마음에 드는 안경을 선택하면 2주 뒤 맞춤 제작된 세 제품을 배송해주는 것이다. 와비파커의 현재 기업 가치는 3조 원에 이를 정도로 매년 꾸준한 성장세를 보이고 있다.

유통 과정 축소로 절감한 비용을 품질에 투자하고 바쁜 현대인들의 시간 절감을 위해 증강현실AR 기술을 이용하여 소비자들이 샘플 안경을 받아보지 않고 직접 앱에서 가상으로 안경을 얼굴에 써볼 수 있는 서비스를 제공하고 있다. 그리고 병원이나 안경점에 가야만 받을 수 있는 시력 검사도 온라인으로 대체했다. 컴퓨터와 핸드폰을 연결한 뒤 일정 거리를 두고 컴퓨터에 뜬 숫자, 도형을 본 다음 핸드폰에 입력하면 와비파커 파트너인 안과 의사들이 원격으로 시력을 검사해주는 것이다.

4장

나도 브랜드가
될 수 있어

"제가요?"

"제가요?"

현서와 은서의 눈이 동그래졌다.

"그래, 그렇다니까. 현서는 학교에서 독서토론부 부장이고 과학경진대회에 나가면 늘 상을 타오곤 하니까 논리적인 사고력과 리더십 브랜드. 그리고 은서는 패션과 유행에 관심이 많고 아는 것도 많으니까 친구들이 외모에 고민이 있을 때마다 맨 먼저 믿고 찾을 수 있는 스타일 전문가 브랜드."

"에이, 난 또 뭐라고. 그게 무슨 브랜드예요."

은서가 입을 삐죽 내밀며 김이 빠진다는 듯 말했다.

"어머나? 그게 왜 브랜드가 아니야? 당연히 브랜드지. 퍼스널 브랜드."

퍼스널 브랜딩이란

 이서 씨

퍼스널 브랜드Personal Brand는 제품의 브랜드가 그 제품을 경쟁 사의 것과 구별하고 차별화시키기 위해 사용되는 것과 마찬가지 로 개인이 가지고 있는 고유한 식별 가치를 뜻해. 브랜드가 단순 한 상표명을 넘어 상품의 특성과 품질, 이미지와 같은 내면적 차 이까지 모두 포함하는 것처럼 퍼스널 브랜드 역시 개인의 가치관 과 비전, 장점, 매력, 재능과 같은 것들을 포괄적으로 아우르지. 이것을 브랜드화해서 특정 분야에 대해 맨 먼저 자신을 떠올릴 수 있도록 만드는 거야. 그것을 퍼스널 브랜딩Personal Branding이라 고 부른단다.

미국의 경제 전문지 〈INC〉는 21세기에 퍼스널 브랜드가 상품 의 브랜드처럼 평가받는 시대가 올 거라고 예측했어. 어떤 일을 하든 개인의 '브랜드 가치'가 바로 개인의 '경쟁력'이 되는 시대가 올 거라는 거지.

엄마 직장에도 브랜드가 확실한 사람들이 있어. 예를 들면 걸어 다니는 백과사전, 만능 해결사, 인간 컴퓨터, 아이디어 뱅크, 토론의 달인…… 무언가 한 가지씩 특별하게 잘하는 게 있는 거지. 이게 다 퍼스널 브랜드의 일종이란다.

너희들 '손세이셔널sonsational'이란 말 들어봤지? 손흥민 축구선수에 대한 얘기가 나올 때마다 따라다니는 말이잖아. 해외 언론에서 손흥민의 '손'과 '선풍적인'이라는 뜻을 가진 영어 단어 '센세이셔널sensational'을 합쳐서 손흥민 선수의 놀라운 활약을 가리키는 말로 사용했는데 그 후로 손흥민, 하면 사람들은 손세이셔널을 자동으로 떠올리게 됐지. 엄청난 브랜드 파워 아니니? 그런데 유명한 운동선수나 연예인들만 강력한 퍼스널 브랜드가 필요한 게 아니야. 소비자들의 눈과 귀를 사로잡기 위해 각종 브랜드들끼리 치열하게 경쟁을 펼치는 건 꼭 슈퍼마켓 진열대나 백화점에서만 벌어지는 일이 아니거든. 우리 모두가 마찬가지야. 다른 사람들과 경쟁을 하면서 눈에 띄기 위해서는 그저 좋은 대학을 나왔다거나 스펙이 좋다는 것만 가지고는 충분하지 않아. 나만의 차별적인 장점, 내가 가진 능력과 가치를 인정받는 것이 필요하지. 나라는 브랜드를 빛나는 것으로 만들어서 말이야.

일단 퍼스널 브랜딩을 하려면 자기 자신을 잘 알아야 해. 나의 꿈은 무엇인지, 장점과 단점은 무엇인지, 재능은 무엇인지를 분석하는 거야. 성공적인 퍼스널 브랜드의 비결은 '나만의 색깔'로

승부를 거는 거지. 코코 샤넬이 "사람들은 나의 옷 입은 모습을 보고 비웃었지만 그것이 바로 나의 성공 비결이었다. 나는 그 누구와도 같지 않다."라고 당당하게 말했던 것처럼 말이야.

분석이 끝났으면 다음 단계는 나의 퍼스널 브랜드를 정하는 거야. 방법은 광고 문구처럼 자신의 브랜드를 정의하는 문장을 만들어보는 건데, 당장 떠오르는 문장이 한 개도 없다면 그건 아직 자기 자신을 정확히 파악하지 못하고 있기 때문일 수도 있어.

그다음으로는 목표를 정해. 강력한 퍼스널 브랜드를 만들려면 약점을 감추고 보완하는 것에 집중하기보다 어떻게 하면 내가 가진 장점을 더 크게 만들 것인가를 고민하는 게 효과적이야. 그래야 나의 색깔이 더 뚜렷해지니까. 프로야구 선수 중에 4년 연속 도루왕을 차지한 롯데의 정수근 선수는 야구 선수로서는 체격이 좀 왜소하지만 빠른 발이 장점이지. 그래서 홈런 대신 짧은 안타와 도루로 점수를 만들어내. 팬들이 붙여준 '날쌘돌이'라는 별명이 바로 그의 퍼스널 브랜드인 셈이지.

목표가 구체적으로 정해진 다음에는 나의 브랜드를 어떻게 만들어갈 것인지 전략을 짜야지. 상상력이 뛰어난 것이 장점이라서 '창의적인 아이디어를 가진 인재'를 목표로 정했다면 평소에 창의력과 감각을 기를 수 있는 훈련을 집중적으로 하고 내가 가진 아이디어를 표현할 수 있는 방법을 연구하는 것처럼 말이야. 그런데 이 과정이 결코 쉽지는 않아. 시간이 오래 걸리기도 하고 무엇보다 자신의 브랜드를 믿어야 해.

내가 나 자신을 얼마나 믿느냐에 따라 결과는 얼마든지 달라질 수 있어. 플라세보 효과라는 것도 있잖아. 가짜 감기약이라도 그게 진짜라고 믿는 환자들에게는 정말로 효과가 나타나는 것처럼, 나의 퍼스널 브랜드를 진정한 '나만의 것'이라고 믿으면 좀 더 적극적으로 행동할 수가 있게 돼. 유명한 자기계발서인 『꿈을 실현시키는 빨간 책It Works』에 보면 "강한 소망은 반드시 이루어진다. 우리 안에는 간절히 바라는 소망을 이루게 하는 강력한 힘이 있기 때문이다."라는 말이 나와. 미국의 한 대학이 조사한 결과에 따르면 자신의 목표를 확실하게 글로 적어두었던 3%의 졸업생들이 20년이 지난 뒤 나머지 97%의 졸업생들보다 더 많은 재산을 모았다지. 믿음의 힘은 우리가 상상하는 것 이상을 해낼 수가 있단다.

그렇지만 엄마가 이거 하나는 꼭 얘기해주고 싶구나. 모든 사람들에게 똑같이 인정을 받는 것을 목표로 하지는 말 것. 모두에게 사랑받는 사람이란 없거든. 모두를 만족시키기 위해 애쓰기보다 있는 그대로의 너의 색깔과 힘을 드러내기 위해 애를 쓰렴. 그러면 너의 퍼스널 브랜드를 알아보는 사람이 자연스럽게 생겨나게 될 거야.

너희들이 가진 브랜드는 바로 너희들의 미래야. 지금은 어느 신생 브랜드처럼 막 이름을 정하고 콘셉트를 잡는 출발선에 있지만, 차곡차곡 시간을 들여 브랜딩을 해나가면 퍼스널 브랜드의 진짜 효력은 당장이 아니라 5년 뒤, 10년 뒤에 천천히 나타나게 되어 있어. 너희들은 앞으로 어떤 퍼스널 브랜드가 되고 싶니?

들여다보기 **퍼스널 브랜드의 경쟁력**

데이비드 앤드루시아David Andrusia는 『당신 자신을 브랜드화하라Brand Yourself』라는 저서에서 "자기 분야에서 최고가 되려면 무조건 열심히 하는 것 이상의 그 무엇이 필요한데, 그것이 바로 자신을 브랜드화하는 전략이다."라고 했다.

미국의 한 조사 결과에 따르면 퍼스널 브랜드와 비전을 가지고 있는 직장인이 그렇지 않은 직장인보다 10% 이상의 높은 연봉을 받고 있다고 한다. 국내 한 취업사이트가 직장인들을 대상으로 한 조사에 따르면 '자신의 브랜드 가치가 얼마라고 생각하는가?'라는 질문에 대한 전체 응답자의 평균이 대략 4,000만 원 정도로 나타났으며 업무 능력이 뛰어난 직원을 브랜드 가치가 높아 보이는 사람으로 꼽았다.

'퍼스널 브랜드라……'

은서는 책상 앞에 앉아 연필을 손에 쥔 채로 생각에 잠겼다.

'퍼스널 브랜딩의 출발은 자기 자신을 잘 아는 거야.'

엄마의 마지막 말이 계속해서 뱅글뱅글 머릿속에서 맴돌았다.

'엄마는 내가 스타일 전문가 브랜드라고 하셨지만 유명한 스타일리스트들이 얼마나 많은데……. 내가 전문가라고 불릴 만큼 잘할 수 있을까? 난 그냥 유행하는 아이템들 구경하면서 쇼핑하는 걸 좋아하는 것뿐인걸……. 이런 걸 '잘한다'고 할 수는 없는 거잖아…….'

은서의 어깨가 아래로 축하고 처졌다. 아무리 생각해봐도 뾰족하게 잘하는 걸 찾을 수가 없었기 때문이었다. 죄 없는 노트만 연필 끝으로 콕콕 찍어대던 은서는 고개를 돌려 등을 돌리고 앉은 현서를 흘끔 쳐다보았다. 노트에 뭔가를 쓰고 있는지 팔꿈치가 좌우로 바지런히 움직이고 있었다.

'언니는…… 머리도 좋고 공부도 잘하고 토론도 잘하고……. 뭘 하든 분명 멋진 전문가가 될 수 있을 거야…….'

은서는 크게 푹 하고 한숨을 내쉬었다.

숨은 재능 찾기

'음……. 내가 좋아하는 건 토론하기…… 책 읽기…… 자료 조사하기…….'

현서는 노트 위에 좋아하는 것들을 하나씩 차례로 적어 내려가기 시작했다. 맨 먼저 그동안 제법 칭찬을 들어왔던 세 가지를 신나게 썼다.

'가만있자…… 내가 좋아하는 거라…… 그래도 명색이 나만의 브랜드라고 하면 남들보다 조금이라도 잘하는 거라야…… 하지 않을까?'

노트 위를 달리던 연필이 우뚝 멈춰 섰다. 처음 노트를 펼칠 때만 해도 자신만만했던 기분은 어디로 가고 더 이상 쓸 거리가 생각나지 않았다. 현서가 콧잔등을 잔뜩 찡그리자 미간 사이에도 골짜기 같은 주름이 생겼다.

'내가 잘하는 게 이렇게 없었나……?'

다음 날, 학교에서도 현서는 온통 한 가지 생각뿐이었다. 영어 수업 시간에는 '내가 영어에 소질이 있나?'라는 생각에 잠겼고 수학 시간에는 '내가 수학을 잘하나?'를 고민하느라 언제 점심시간이 됐는지도 모를 지경이었다. 그런데도 결론은 매번 '별로 그런 것 같지 않은데……'라는 것이 문제였다. 마개를 막아놓은 병 속에 갇힌 것처럼 속이 답답해진 현서는 갑자기 확 하고 뒤를 돌더니 채윤을 쳐다보며 말했다.

"지금부터 내가 하는 질문에 진짜 솔직하게 대답 좀 해주라. 난 네가 뭐라고 하든 괜찮으니까 신경 쓰지 말고 오직 진실만 말하는 거야. 응?"

채윤은 대답 대신 황당하다는 듯 동그란 눈을 끔벅거렸다.

"뭐라는 거야, 얘가. 뜬금없이 진실만을 뭐?"

"내가 잘하는 게 뭐야?"

현서는 채윤의 말을 듣는 둥 마는 둥 한 채 조바심 어린 표정으로 질문을 날렸다. 채윤은 잠시 입을 다물고 물끄러미 현서를 바라보더니 이내 어이없다는 듯 킥킥거리며 웃었다.

"야, 그걸 왜 나한테 물어? 얘가 아침부터 뭘 잘못 먹었나, 왜 이래?"

"아, 좀! 아무거라도 생각나는 거 있으면 말해보라니까. 대신 솔직하게!"

"나, 참. 네가 잘하는 거? 너야 잘하는 거 부자 아니냐? 공부 잘하지, 말 잘하지, 친구들 기죽이는 거 잘하지, 킥킥킥. 그렇잖아. 보통 머리 좋은 애들이 몸 쓰는 건 잘 못하는데, 넌 체육도 잘하잖아. 또…… 그리고 너 정리도 잘하고 애들이 모르는 거 가르쳐주는 것도 잘하고 글도 잘 쓰고 애들끼리 다퉜을 때 중간에서 화해시키는 것도 잘하고……. 나도 신세 많이 졌다, 김현서. 흐흐흐."

현서는 놀란 표정을 짓지 않으려고 애쓰며 채윤의 말에 귀를 기울이고 있었다.

점심시간이 끝나갈 무렵, 은서도 현서와 똑같은 질문을 친구들에게 던졌다. 현서와 다른 점이라면 네다섯 명의 친구들이 은서를 둘러싸고 있다는 것뿐이었다.

"야, 왜 네가 잘하는 게 없어? 겸손한 거야, 아님 겸손한 척하는 거야?"

"그러니까 빨리 말 좀 해보라고, 그게 뭔지."

"너야 당근 쇼핑의 여왕이잖아."

지연이의 말에 은서는 양쪽 손등 위로 얼굴을 푹 파묻으며 과장된 한숨을 내쉬었다.

"그게 어떻게 잘하는 거냐고요……. 하아, 역시 난 잘하는 게 없는 거야……."

그러자 지연이가 은서의 등을 툭툭 치며 말을 이어갔다.

"야, 야. 쇼핑의 여왕이 그런 뜻이 아니잖아. 보는 눈이 있다는 거지."

그제야 은서는 고개를 들고 지연이를 쳐다보았다.

"색깔이나 무늬 같은 것들도 서로 어울리는 것으로 잘 고르고 유행하는 게 뭔지도 잘 알고 브랜드도 많이 알고. 우리 반에 패션 감각이 너만 한 애가 없지. 보는 눈이 너~무 좋다 보니 과하게 사 모으는 게 문제면 문제랄까. 큭큭큭."

"그것만 있게? 넌 그림도 잘 그리고 글씨도 예쁘게 쓰고 친구도 많잖아. 우리 반뿐만 아니라 1학년, 2학년까지 아주 마당발이 시더만. 하다못해 떡볶이집 주인아줌마랑도 친분이 장난 아니던데?"

"그러게, 얜 진짜 어디를 가든 처음 보는 사람들하고 말을 그렇게 자연스럽게 잘하더라. 오늘 두 번째 간 가겐데 벌써 한 몇 개월은 드나든 단골손님처럼 굴더라니까."

"아, 참. 그리고 내가 평소에 느낀 건데 넌 표현을 참 잘해. 남들은 어떤 옷을 보고 그저 예쁘다, 멋지다, 쿨하다, 이렇게 얘기하는데 넌 그 옷이 어디가 포인트이고 어디가 남다른지 조목조목 얘기하거든. 옷뿐만이 아니야. 떡순튀(떡볶이, 순대, 튀김) 먹으러 갔을 때도 백종원 아저씨가 빙의했는지 맛 표현을 어쩜 그렇게 기가 막히게 하는지……."

"우하하, 맞아, 맞아! 내가 먹은 걸 얘도 먹은 게 맞나 싶을 정도로 아주 찰지게 해. 떡볶이집 주인아줌마가 거기에 넘어간 거 아닐까? 얘랑만 가면 서비스 장난 아냐."

은서는 한껏 신이 나서 까르륵거리며 얘기에 열중한 친구들을 신기하다는 듯 쳐다보고 있었다. 어젯밤 그렇게 오랫동안 머리를 쥐어짜봤지만 단 한 줄도 쓰지 못했던 '내가 잘하는 것'을 친구들은 이렇게 많이 알고 있었다니.

그날 밤. 이서 씨는 쌍둥이에게 둘러싸여 거실 소파에 앉아 있었다.

"엄마, 지난번에 엄마가 퍼스널 브랜딩을 하려면 자기 자신을 잘 알아야 한다고 하셨잖아요. 내가 잘하는 거나 장점, 재능 같은 거요."

현서가 먼저 입을 열었다.

"근데 아무리 생각해봐도 남들에게서 '잘한다'고 칭찬을 들었던 몇 가지 말고는 도무지 생각나는 게 없는 거예요."

"언니는 몇 가지나 있으니까 다행이지."

은서가 현서의 말을 가로채며 끼어들었다.

"전 진짜 잘하는 게 뭐가 있는지 한 줄도 못 써서 얼마나 초라한 기분이었게요."

"우리 공주님들이 잘하는 게 없다니 이게 무슨 소리야?"

이서 씨가 쌍둥이를 번갈아 쳐다보며 말했다. 그런 엄마를 보며 은서가 말을 이었다.

"흐흐, 그런데요, 아무리 생각해도 떠오르는 게 없어서 학교에서 친구들한테 대놓고 물어봤거든요. 그랬더니 제가 미처 깨닫지 못한 것들을 제가 잘하는 거라고 얘기해주는 거예요. 진짜 신기했어요!"

"저도요!"

옆에서 현서도 맞장구를 쳤다.

"호호호, 그러니까 너희들이 지인 인터뷰를 했다 이거지? 맞아. 그게 바로 나의 숨겨진 장점을 발견하는 첫 번째 방법이지."

이서 씨

한 연구 조사에 따르면 자신의 장점을 잘 활용하는 사람은 삶의 질이 세 배나 높아진다고 하지. 그런데 자신이 잘하는 것이나 재능, 장점을 제대로 알고 있는 사람이 의외로 많지가 않아. 많은 사람들이 '나는 남보다 뛰어나게 잘하는 게 없다'고 생각하지. 그런데 그건 진짜로 잘하는 게 없는 게 아니라 아직 자신의 장점을 발견하지 못한 것뿐이야. 누구에게나 어떤 식으로든 재능은 있는 법이거든.

숨겨진 장점을 발견할 수 있는 첫 번째 방법은 너희들이 했던 것처럼 아는 사람들에게 물어보는 거야. 가족이나 친척, 친구들처럼 가까이에서 나를 지켜봐온 사람들은 나보다 더 나를 객관적으로 보니까 내가 미처 모르는 나의 장점을 알고 있을 확률이 높거든. 그래서 내가 장점이라고 생각하지 못했던 것을 장점으로 꼽아주기도 하지. 그리고 사소하게 지나치기 쉬운 소소한 점들도 남들에게는 큰 장점으로 비친다는 걸 깨닫게 되기도 하고 말이야.

그리고 지난 경험들을 떠올려보는 것도 도움이 돼. 내가 만족감이나 성취감, 보람 같은 걸 느꼈던 일들이 어떤 게 있었나를 되짚어보는 거지. 나의 장점이 발휘되는 순간에 그런 감정을 갖게 되는 경우가 많으니까. 예를 들면 현서는 자잘한 일에도 계획표를 짜는 걸 좋아하잖아. 그리고 계획한 대로 일이 잘 진행이 될 때 만족하지. 너희들이 중학생이 된 후로 우리가 가족 여행을 갈 때마다 계획표 담당은 엄마 아빠가 아니라 현서잖아. 그리고 그동안 현서의 계획표가 제대로 되지 않았던 적이 한 번도 없었던 것 같은데? 그건 현서가 가족들의 성격이나 취향을 서로 잘 맞춰서 계획을 잘 짰기 때문이지.

마지막으로 살펴봐야 할 것은 내가 같은 노력을 기울였을 때 좀 더 나은 결과가 나오는 게 뭐가 있느냐 하는 거야. 현서는 국어와 역사, 과학 과목을 잘하지. 엄마가 보기에는 좋은 점수를 받기 위해 좀 더 열심히 공부를 했다기보다는 다른 과목들보다 관심이 좀 더 있어서 잘하는 거 같은데 현서 생각은 어때? 그리고 은서는, 음…… 아무래도 예체능 쪽이 좀 강하지. 흐흐흐. 아, 참. 그리고 영어도 공부하는 거에 비하면 성적이 괜찮은 거 같은데?

"쳇, 전 왜 주요 과목들 다 건너뛰고 바로 예체능이에요? 영어가 그래도 다른 과목들보다 나은 건 유행하는 스타일이나 브랜드를 찾아보려고 전 세계 웹사이트들을 뒤지다 보니 저도 모르게 그렇게 된 거 같아요. 헤헤헤."

은서가 웃으며 말했다.

"그런데요……. 국어랑 역사, 과학처럼 제가 좋아하는 걸 잘하게 되면 좋지만, 좋아하는 것과 잘하는 것이 서로 일치하지 않을 때는 어떻게 해요? 전 낙서하는 걸 좋아하지만 은서처럼 그림을 잘 그리지는 못하잖아요. 색에 대한 감각도 좀 별로인 거 같고요. 반대의 경우도 마찬가지에요. 공부를 잘하기는 하지만 공부를 좋아해서 잘하는 건 아닌 것처럼요……."

"우와, 몰랐네, 몰랐어. 난 또 공부하는 걸 무지 좋아하는 줄 알았지!"

약간은 비꼬는 것 같은 은서의 말투에 현서가 이마를 잔뜩 찡그렸다. 그런 현서를 향해 진정하라는 듯 손을 위아래로 까닥거리며 은서가 말을 이어갔다.

"근데 사실 저도 비슷한 생각을 하기는 했어요. 좋아하는 것과 잘하는 것에 차이가 있으면 퍼스널 브랜드로 어떤 쪽을 정하는 게 맞는 건가 하고요. 아무래도 잘하는 걸 선택하는 게 나은 거겠죠?"

쌍둥이의 질문에 이서 씨는 잠시 생각에 잠겼다.

'부캐' 전성시대,
잘하는 것 vs 좋아하는 것

"좋아하는 것과 잘하는 것 중 어느 한쪽을 선택하는 게 정답은 아니란다. 사람마다 성격과 삶의 기준이 다르니까. 성공한 삶보다 행복한 삶이 중요한 사람은 좋아하는 일을 쫓는 경우가 많지. 그래야 자신의 만족감이 커지니까 말이야. 그렇지만 사회적 성취가 더 중요한 사람은 잘하는 일을 선택하는 경향이 있어. 그래야 남들보다 더 나은 성과를 얻을 수 있거든. 그렇지만 시대가 변하면서 이제는 굳이 어느 한쪽을 선택하지 않아도 돼. 너희들 'N잡러'라는 말 들어봤지?"

"뉴스나 예능 프로그램 같은 데서 많이 나오는 말이잖아요."

현서가 잽싸게 먼저 대답했다.

"맞아. 두 개 이상의 복수를 뜻하는 'N'과 직업을 뜻하는 '잡job' 그리고 사람을 의미하는 '-러-er'가 합쳐진 신조어로 자신의 본업 외에도 자아실현을 위해 여러 개의 직업을 가진 사람을 가리키는 말이야. 생계를 위한 주요 수입을 위해 본업은 유지하되 자신이 좋아하는 일을 찾아 또 다른 직업을 갖는 거지. 낮에는 회사원이지만 퇴근 후에는 온라인 핸드메이드 가게 사장님으로 변신한다거나 낮에는 유치원 교사, 퇴근 후에는 요가 선생님이 된다거나 하는 것처럼 말이야."

그때 마침 텔레비전에서 한창 인기 있는 예능 프로그램이 나오고 있었다. 트렌드를 파악하려면 시청률 상위권을 달리는 프로그램들도 두루 잘 알고 있어야 하기에 틀어놓은 것이었다. 그런데 다 보기도 전에 쌍둥이가 달려온 것이다.

"어? 저거 요즘 애들이 많이 보던데……."

은서가 TV 화면을 가리키며 말했다.

"저 사람은 잘하는 게 정말 많은 것 같아요. 웃기기도 잘 웃기고 프로그램 진행도 잘하고 부캐*는 또 얼마나 많은지……."

"그게 다른 말로 하자면 N잡러인 거잖아."

이서 씨가 놓치지 않고 끼어들었다.

"우하하. 그거 말 되네요. 개그맨이 본업이지만 트로트 가수도 하고 라면 요리사도 하고 댄스 그룹 가수도 하고 연예 기획사 대

● 부캐

다음을 뜻하는 한자 '부(副)'와 '캐릭터'의 첫 글자를 합쳐 만들어낸 말로 두 번째 캐릭터를 뜻한다. 원래는 온라인 게임에서 사용되던 용어로 자신이 본래 가지고 있는 게임 캐릭터를 '본(本)캐'라고 부르고 그 외에 또 다른 캐릭터를 생성해서 게임을 할 때 이를 '부캐'라고 불러서 구분했다.

표도 하고. 그런데 직업을 바꿀 때마다 진짜로 마치 다른 사람이 된 것처럼 변신하는 느낌이어서 신기했어요. 재능이 많아서 그런 가…….”

현서가 부럽다는 듯 입맛까지 다시며 말했다.

“아니지. 꼭 재능이 많아서라기보다는 그만큼 관심이 있고 해보고 싶은 게 많아서 그런 거지. 이런 부캐가 꼭 연예인이나 유명인들만 가능한 건 아니야. 퍼스널 브랜딩과 마찬가지로 말이야. 요즘은 부캐를 갖는 게 하나의 트렌드지.”

이서 씨

서울대 소비 트렌드 분석 센터가 밝힌 2020년의 키워드 중 하나가 '멀티 페르소나'였어. 페르소나persona란 말은 고대 그리스 가면극에서 배우들이 썼다 벗었다 하는 가면을 가리키는 말에서 유래한 건데 심리학 용어로 타인에게 보여지는 외적인 이미지를 의미해. 그러니까 N잡러나 부캐처럼 현대인들이 다양하게 분리되는 정체성을 갖는다는 거지.

한 조사 결과에 따르면 직장인 10명 중 3명이 N잡러이고, 당장은 아니더라도 N잡러를 꿈꾼다는 직장인이 90%가 넘는대. 이들이 본캐 외에 부캐로 선택하는 일들은 자신이 평소에 좋아하거나 자아성취를 할 수 있는 일이 대부분이야. 꼭 돈을 벌거나 성공을 하기 위한 것이 아니라 하고 싶었던 일에 도전해보는 거랄까.

어떤 사람들은 잘하는 일과 좋아하는 일 중에 잘하는 일을 선택하는 것이 현명한 것이라고 하지. 그래야 성공을 하는 데에도 도움이 되고 삶이 편해질 수 있으니까 말이야. 어른들이 그림 그리는 걸 좋아하거나 게임에 열중하거나 만화책을 손에서 놓지 못하는 아이들에게 잔소리를 하면서 "하고 싶은 일만 하고 어떻게 사니? 그렇게 좋으면 나중에 취미로 해!"라고 하는데 이런 부캐 전성시대에 굳이 어느 한쪽을 선택할 필요가 있을까?

그렇지만 N잡러도 그저 하고 싶은 게 있다고 무작정 할 수 있는 게 아니라 준비가 되어 있어야 해. 여러 가지를 하려면 그만큼 자신이 좋아하는 일이 뭔지 잘 알고 있어야 하고 새로운 일을 시도하는 용기도 있어야 해. 잘 안되거나 실패를 하더라도 다시 일어설 수 있는 회복탄력성도 있어야 하고 말이야. 요즘은 SNS와 여러 가지 온라인 플랫폼들이 잘 되어 있어서 시간을 가지고 다양한 시도를 하면서 천천히 자신의 부캐를 만들어갈 수 있어. 나만의 차별화된 부캐를 만든다는 건 결국 퍼스널 브랜딩을 하는 것과 마찬가지란다.

"야, 김현서. 나 뭐 하나만 부탁해도 돼?"

왼쪽 건너편 자리에 앉은 혜지가 낮은 목소리로 말을 걸어왔다.

"응? 뭐?"

비스듬히 몸을 돌렸더니 혜지가 손에 쥔 종이 몇 장을 흔들며 현서를 향해 헤벌쭉 웃고 있다.

"이번에 학원에서 하는 영어 스피치 대회에 나가는데 아무래도 2% 부족한 거 같아서 말이야. 자료도 빡세게 찾고 몇 번이나 고쳐서 썼는데 아직도 뭔가 마음에 안 들어. 이 스크립트 네가 한 번만 봐주면 안 될까? 너 논리 대마왕이잖아."

'논리 대마왕이라⋯⋯.'

독서토론부의 열혈 멤버인 현서는 상대팀 논리의 빈틈을 귀신같이 찾아내는 재주가 있었다. 그래서 현서가 토를 달기 시작하면 다들 꿀 먹은 벙어리가 되기 일쑤였다. 사실 애들이 현서를 부장으로 뽑은 것도 부장은 중재 역할만 한다는 것이 큰 이유였다. 그리고 언제부턴가 토론 대회나 스피치 대회, 탐구 발표 대회 같은 것들이 있을 때마다 아이들이 찾아오기 시작한 게 생각이 났다.

'나의 퍼스널 브랜드가 혹시……?'

현서는 혜지가 건네준 영어 스피치 원고를 눈으로 훑어 내려가기 시작하며 빙그레 웃었다. 좋아하는 고딕체로 '논리 대마왕'이라고 또박또박 쓰인 브랜드 라벨이 자신의 이마에 떡하니 붙어 있는 상상을 하니 마치 진열대에 주르륵 놓인 제품들 사이에서 좀 튀어 보이는 우쭐한 기분이 들었다.

'논리 대마왕 앞에 명품까지 붙이면 더 좋겠지? 이거 나도 명품 바라기 김은서한테 물이 들었나 보네, 킥킥킥…….'

옆 반에서 은서는 서너 명의 아이들에게 둘러싸인 채 핸드폰을 열심히 들여다보고 있었다. 화면에는 쇼핑몰 앱이 빠른 속도로 올라가고 있는 중이다.

"그땐 이거다, 싶은 게 있었는데 막상 생일 선물로 사주신다니까 결정 장애가 제대로 빡! 하고 온 거 있지."

은서의 오른쪽에 구부정하게 허리를 굽히고 선 명혜가 하소연 하듯 말했다. 두 달째 엄마를 졸라 겨우 얻어낸 황금 같은 '단 한 번의 찬스'라며 은서를 찾아왔다.

"은쇼픽을 믿어봐. 나도 지난번에 애가 코디해준 대로 입고 나가서 남친한테 엄~청 칭찬 들었잖아."

뒤쪽에 서 있던 지수가 입을 가리며 웃었다.

아이들마다 개성은 살리고 단점은 커버하는 디자인과 어울리는 컬러를 콕 집어서 추천해주는 '은쑈픽'! 은서가 '은쑈픽'을 입에 올리지 않고 지나가는 날은 별로 없다. 쇼핑몰에 넘쳐나는 '핫'한 아이템들 속에서 길을 잃은 아이들은 '이게 나아? 저게 나아?'가 고민이 될 때마다 일단 "야, 김은서!"부터 외쳐대곤 한다. 친구들끼리 주말에 고속버스 터미널이나 강남역 지하상가로 쇼핑을 갈 계획을 잡을 때면 은서는 '꼭 모셔가야 하는' 귀하신 몸이다. 그리고 은서가 골라주는 '은쑈템'은 월요일 아침마다 교실에서 호들갑스러운 화제가 되곤 한다.

은서는 쇼핑몰 앱을 쳐다보다 말고 잠시 딴생각에 잠겼다.

'흠……. 은쑈픽이라……. 이거 꽤 근사한 퍼스널 브랜드잖아?'

핸드폰 스크린 위에 올려놓은 자신의 손가락 위에 '은쑈픽'이라고 쓴 브랜드 라벨이 붙어 있는 상상을 해보았다. 트레이드마크인 짧은 일자 앞머리의 얼굴을 깜찍한 로고처럼 만들어서 붙여도 좋겠다는 생각을 하며 은서는 씨익 미소를 지었다.

유튜버 트윈스

아침부터 베란다 너머로 미세 먼지 하나 없이 새파란 하늘이 펼쳐졌다. 이게 얼마 만에 보는 청정 서울이던가.

"엄마! 오늘 몇 시에 퇴근하세요?"

이미 출근 준비를 다 마친 아빠가 쌍둥이를 학교에 데려다주기 위해 기다리고 있는 바람에 마음이 급해진 현서가 서둘러 양말을 신으며 소리쳐 물었다.

"어! 엄마 7시까지는 집에 올 거야!"

출근 시간에 쫓겨 쌍둥이만큼이나 급하게 화장을 하고 있는 엄마의 목소리가 안방에서 들려왔다.

"야, 김은서. 너 이따가 점심시간 되자마자 우리 반으로 총알같이 뛰어와. 알았지?"

현서는 아까부터 거울 앞에 서서 머리를 반묶음을 했다 하나로 묶었다 풀었다를 몇 번씩이나 반복하고 있는 은서를 향해 목소리를 잔뜩 낮춰 말했다.

"아유, 알았어. 그리고 어차피 현관이랑 안방에서는 우리 목소리 안 들리거든?"

"혜지가 언니 컴퓨터를 가지고 와서 해준다고 했으니까 꾸물거리면 안 돼!"

"쯧쯧, 브랜드를 바꿔야 했어. 잔소리 대마왕으로."

"저게 진짜!"

현서는 은서를 향해 눈을 흘기며 주먹을 흔들어 보였다.

아침부터 엄마의 퇴근 시간을 몇 번이나 되묻던 딸들이 신경 쓰인 이서 씨는 7시를 넘기지 않기 위해 하루 종일 마음이 바빴다. 왜 그러느냐고 굳이 물어보지 않았던 건 이유가 대충 짐작이 갔기 때문이었다. 지난 토요일이 그녀의 생일이었지만 주말에만 4개의 방송을 진행해야 하는 터라 생일을 챙길 여유가 없었다.

집으로 가는 길에 이서 씨는 미리 찍어놓은 식당 몇 군데를 들러 음식을 포장했다. 외식 대신 집에서 가족들끼리 작은 파티를 하는 게 낫겠다는 얘기는 지난주에 이미 해놓은 참이었다.

"애들아! 맘 이즈……."

양손 가득 음식 봉지들을 들고 현관문을 열고 들어서며 으레 그러듯 거실을 향해 딸들을 부르던 이서 씨가 문득 말을 멈췄다. 이미 현관 앞에 쌍둥이가 나란히 서서 빙글빙글 웃고 있었던 것이다.

"어머, 깜짝이야. 근데 애들아……. 너희들 옷이 왜 그래?"

이서 씨가 두 딸을 번갈아 쳐다보며 말했다.

현서는 늘 하나로 묶어 올렸던 머리를 길게 풀고 안경을 벗고는 은서의 옷이 분명한 하얀 레이스 블라우스에 치마까지 입고 있다. 그리고 짧은 일자 앞머리를 한 은서는 나머지 머리를 말끔하게 올려 묶고 안경알이 없는 빨간색 안경에 평소에 절대로 입지 않는 검은색 셔츠를 입고 있다.

진짜로 놀란 것 같은 엄마의 얼굴에 쌍둥이는 만족스러운 듯 씩 웃었다.

"웰컴 홈! 맘!"

식탁 대신 거실 탁자 위에 포장 음식들과 아빠가 사 온 초콜릿 케이크를 가득 펼쳐놓았다. 그사이 현서와 은서는 방에서 컴퓨터를 가져다가 텔레비전에 연결을 하고는 둘이 화면 앞에서 열심히 머리를 맞대고 있었다. 파티 준비가 다 끝나고 이서 씨가 남편과 함께 소파 위에 자리를 잡고 앉자 현서와 은서가 테이블 옆이 아닌 텔레비전 앞에 나란히 섰다.

"왜? 정식으로 생일 축하 노래라도 불러주게?"

이서 씨가 웃으며 말했다.

"ㅎㅎㅎㅎ……."

쌍둥이는 대답 대신 의미심장하게 미소를 지었다. 그리고 현서가 목을 가다듬으며 먼저 입을 열었다.

"엄마! 생신 축하드려요! 진짜! 정말! 이만큼 많이요!"

이번에는 은서 차례였다.

"인기 쇼호스트 노이서 씨의 생신을 기념하며 오늘 막 유튜브에 올라온 유튜버 트윈스픽의

따끈따끈한 영상을 보시겠습니다!"

쌍둥이가 양쪽으로 물러서자 텔레비전 화면이 나타났다. 그리고 현서가 컴퓨터를 클릭하자 유튜브 동영상이 시작됐다. 제목은 '트윈스의 브랜드 썰전'이었다.

화면에 등장한 현서와 은서는 오늘 입은 옷을 똑같이 입고 있었다. 영상의 시작은 실제로 현서와 은서가 브랜드를 놓고 '썰전'을 벌이게 된 계기였던 엄마의 생일 선물이었다. 그리고 그간 이서 씨와 함께 여러 가지 브랜드들과 브랜드의 의미를 두고 옥신각신 토론을 벌였던 내용을 요약해서 쌍둥이가 번갈아 화면에 등장해 톡톡 튀는 말투로 탁구를 치듯 주고받았다. 혜지가 점심시간을 고스란히 바치고도 모자라 쉬는 시간과 학원 가기 직전까지 내내 쌍둥이의 주문에 짜증을 내가며 도와주었던 코믹한 자막들도 한몫 거들었다.

영상이 거의 끝나갈 무렵 화면 속 현서의 머리 위에 '논, 리, 대, 마, 왕'이라는 다섯 글자가 하나씩 차례로 뜨더니 마치 불이 붙은 것처럼 화르륵 타올랐다. 혜지가 만들어준 것이다.

"어느 모로 보나 오늘의 첫 썰전은 저 논리 대마왕의 승리가 뻔하죠. 톡 하면 현쑈톡! 논리로 보고 논리로 푸는 트윈스픽의 현쑈톡을 많이 기대해주세요!"

곧이어 오른쪽에서 은서가 현서를 밀어내는 것처럼 등장하더니 머리 위에 '은, 쑈, 픽'이라는 세 글자가 하나씩 뜨고 현란한 네온사인처럼 반짝거렸다. 역시나 혜지의 작품이었다. 그 밑에서 은서가 새침한 표정으로 빨간 안경테를 밀어 올리고는 손가락을 좌우로 까딱까딱 흔들어보였다.

"노노, 100번 말로 덤비면 뭐 해요? 한 번 쓰윽 보기만 해도 감이 팍! 원 스캔 원 킬! 일단 믿고 사는 트윈스픽의 은쑈픽! 다음에 어떤 은쑈템을 보여드릴지 많이 기대해주세요!"

"우와!"
화면이 멈추고 나자 엄마 아빠의 우렁찬 박수가 이어졌다.
"이야, 너희들 언제 이런 걸 다……. 이거 어떻게 만들었니? 뭘로 찍은 거야?"
아빠가 신기하다는 듯 묻자 현서가 대답했다.
"그냥 폰으로 찍은 거예요. 그리고 편집도 폰으로 했어요. 앱을 다운 받아서요. 처음 해보는 거라 시간도 오래 걸리고 퀄리티도 많이 아쉽지만……. 헤헤헤."
"엄만 완전 감동했잖아! 우리 공주님들이 이런 걸 다 만들 줄도 알고……."
"다 엄마 덕분이죠. 그 엄마에 그 딸들이랄까요? 히히히. 그동안 브랜드에 대해 얼마나 많이 배우고 깨달았는지 엄마한테 보여 드리고 싶었어요. 저희들의 퍼스널 브랜드도 같이요. 이번 첫 영상은 연출 김현서, 미술감독 김은서, 기술감독 이혜지예요. 크크크."

은서가 뿌듯한 목소리로 웃으며 말했다.

"아하, 그래서 현서나 너나 스타일이 평소와는 완전 달랐던 거구나?"

"어유, 말도 마세요. 그놈의 안경 하나 벗기느라고 제가 협박을 얼마나 했게요? 화면에 자기 얼굴이 넓적하게 나오면 어떻게 하느냐고 어찌나 고집을 부리는지……."

이서 씨는 고개를 절레절레 흔드는 은서를 보며 키득거렸다.

"아, 참! 그리고 이건 엄마 선물!"

현서가 예쁘게 포장된 작은 상자를 내밀었다. 이서 씨가 재생지로 만들어진 포장지를 뜯자 역시나 재생지로 만들어진 작은 상자 속에 카드지갑, 칫솔, 고체 치약, 친환경 면으로 만든 미니 손수건 세트 같은 것들이 차곡차곡 들어 있었다.

"언니가 필요하지 않은 물건을 사는 건 지구에 좋지 않은 선물이라고 하도 뭐라고 해서 제가 평소에 엄마가 잘 쓰시는 물건들로 친환경 브랜드들 중에 고르고 고른 것들이에요. 아시죠? 일단 믿고 사는 은쑈픽!"

한쪽 눈을 과장되게 찡긋거리는 은서를 보며 모두가 웃음을 터트렸다.

"비디오에 선물까지……. 이거 올해는 엄마가 두고두고 기억할 만한 아주 특별한 생일인걸? 고맙다, 애들아. 그런데 아직까지 고민만 열심히 하고 있는 줄 알았더니 이 그럴싸한 퍼스널 브랜드들은 어떻게 정한 거니?"

"아, 이거요? 히힛. 엄마 말씀대로 친구들 보는 눈을 믿었죠."

엄마가 사 온 파스타를 한 입 가득 먹고 난 은서가 말했다.

"친구들이 모두 제가 골라주는 거라면 뭐든 엄지 척! 인정을 해주더라고요. 그래서 아, 이거다, 싶었죠."

"비디오는 누구 아이디어냐?"

이번에는 아빠가 물었다.

"그건 저요."

현서가 번쩍 손을 들었다.

"이번에 엄마랑 은서랑 브랜드에 대한 얘기를 하면서 유튜브에서 이것저것 찾아본 게 많았어요. 요즘 유튜버 하는 애들도 많고 장래 희망이 유튜버라는 애들도 많고 유튜버가 대세잖아요. 그런데 영상들을 보다 보니 그중 자꾸 보게 되는 영상은 뭔가 자기 색깔이 뚜렷하고 특색이 있는 것들이었어요. 그래서 이번에 엄마와 함께 이야기하며 배운 점들을 영상으로 만들어 선물하자고 은서랑 의논하다가 유튜버 트윈스픽을 생각하게 된 거예요. 쌍둥이의 픽, 트윈스픽이요. 헤헤."

"트윈스픽이라, 이름 괜찮은데? 호호호. 맞아. 요즘 청소년들의 진로 교육 현황 조사 같은 데 보면 유튜버가 탑 파이브 안에 들고, 청소년 열 명 중 아홉 명이 유튜브 영상을 만들어보고 싶다고 했다지. 그런데 유튜버로 살아남는 것 역시 진열대의 셀 수도 없이 많은 브랜드들 중 하나의 브랜드가 살아남는 것과 마찬가지의 경쟁이란다. 사람들이 인정할 만한 브랜드가 되어야지."

이서 씨가 고개를 끄덕이며 말했다.

이서 씨

한 조사 결과에 따르면 20대에서 30대가 유튜버의 80%를 차지한다는구나. 그만큼 MZ세대들의 놀이터라는 거지. 현재 시장 규모 4조 원에서 해마다 큰 폭으로 성장을 계속할 거라는 예측이 나오고 있어. 유튜브가 누구나 영상을 만들어 올릴 수 있는 플랫폼이다 보니 진입 장벽은 낮지만 경쟁이 어마어마하게 치열해. 그래서 구독자를 끌어모으기 위해 보다 선정적이고 자극적인 콘텐

츠들을 만들어 올리는 사람들이 있는가 하면 어떤 이들은 실제와는 전혀 다른 꾸며진 모습으로 콘텐츠를 만들어서 논란이 되기도 하지.

일단 살아남는 유튜버가 되려면 퍼스널 브랜드를 먼저 찾아야 해. 그리고 나의 브랜드를 좋아해주고 믿어주는 사람들이 필요하지. 그렇다고 해서 무작정 구독자 숫자를 늘리는 게 중요하다는 건 아니야. 100명을 모으더라도 정말 나의 브랜드를 좋아하는 100명을 모아야 진짜지. 유튜버야말로 진정한 의미에서 사람이 브랜드가 되는 퍼스널 브랜딩의 대표적인 예라고 할 수 있어. 개인의 독창성과 차별성을 인정받고 소비자들, 즉 구독자들과 직접 소통을 하는 거니까.

그러면 어떤 퍼스널 브랜드를 가진 유튜버가 되어야 할까? 브랜드라는 것이 겉으로 보여지는 이미지이기는 하지만, 퍼스널 브랜드는 그 사람의 겉과 속이 일치하는 이미지라야 오래 지속될 수 있는 힘이 생긴단다. 일부러 만들어낸 이미지로 퍼스널 브랜딩을 하면 마치 양치기 소년의 거짓말이 얼마 가지 못해 들통이 난 것처럼 무너지기 쉬워. 그러니 내가 생각하는 대로 말하고 내가 하는 것처럼 행동하고 나라는 사람을 있는 그대로 드러내는 브랜드라야 쉽게 사라지지 않아.

마케팅의 대가로 꼽히는 켈로그 경영대학원의 필립 코틀러

Philip Kotler 교수는 자신의 저서에서 '잘 구축된 브랜드의 이미지도 어느 순간 무너질 수 있다'고 하며 '브랜드 이미지와 실제 삶이 일치하는 진정성 있는 퍼스널 브랜드가 중요하다'고 강조했지. 퍼스널 브랜딩은 자신의 이미지를 그럴듯하게 포장하는 게 아니라 오히려 포장을 벗기는 거야.

유튜버들이 인위적인 퍼스널 브랜드를 만들어내는 가장 큰 이유는 약점을 감추려고 하기 때문이지. 남들에게 뭔가 '있어 보이고' 싶은 욕심은 자연스러운 거니까. 퍼스널 브랜딩 분야의 권위자인 피터 몬토야Peter Montoya가 제시한 퍼스널 브랜딩의 법칙 중에 자신의 약점까지 포함한 모든 면을 노출해야 한다는 '개인적 특성의 법칙'이라는 게 있어. 어찌 보면 억지로 머리를 짜내지 않아도 되는 거니까 만만하게 들릴 수도 있지만, 내가 감추고 싶은 부분을 공개적으로 보여준다는 게 결코 쉽지가 않지.

세계에서 가장 영향력 있는 여성 방송인 하면 떠오르는 인물이 있지 않니? '토크쇼의 여왕'이라고 불리는 오프라 윈프리Oprah Winfrey 말이야. '인생의 성공 여부는 온전히 개인에게 달려 있다'라는 의미의 오프라이즘Oprahism이라는 용어를 만들어내기도 했을 만큼 자신이 하는 일에서 성공한 인물이자 여성으로 가장 강력한 퍼스널 브랜드를 가진 사람이기도 하지. 하버드 비즈니스 스쿨의 한 교수는 200개가 넘는 브랜드를 연구하고 있음에도 오프라 윈프리보다 더 강력한 브랜드를 찾기 힘들다고 얘기했을 정도니까. 오프라 윈프리의 전략은 쓸데없는 수다에 불과하다는 평을 받는 낮 시간대의 TV 토크쇼를 진행하면서 불우했던 과거의 경험을 바탕으로 출연자들과 따뜻하고 솔직한 이야기를 나누는 거였어. 그녀만의 특별한 능력이란 바로 자신의 약점을 감추지 않는 진정성이었지.

퍼스널 브랜드가 중요한 유튜버들에게는 더욱 중요한 점이야. '초통령'이라는 별명으로 어린이들과 학부모들에게 인정을 받는 유튜버 도티는 성공의 비결로 경험과 성실함을 꼽았어. 퍼스널 브랜딩 전문가인 드로우앤드류는 낮에는 그래픽 디자이너, 밤에는 유튜버를 하며 꾸준히 자신만의 콘텐츠를 개발해서 지금은 MZ세대의 롤모델로 불리고 있지. 처음 유튜브를 시작해서 꾸준히 하게 된 동기가 '나의 이야기로 사람들에게 동기 부여를 하고 싶다'는 것이었대. 자신이 지나온 시간을 통해 배운 것들을 사람들과 공유하는 방법을 찾은 거지.

차별화된 유튜버의 퍼스널 브랜드는 결국 '나다운' 브랜드인 거야. 엄마는 너희들이 논리 대마왕과 은쑈픽처럼 자신이 좋아하고 잘하는 것을 발견하고 찾아가는 모습을 보는 게 그 어떤 생일 선물보다 더 기쁘고 좋구나. 이제 첫 걸음을 내디뎠으니 앞으로 꾸준히 해야겠지? 일단 칼을 뽑아들었으면 그다음은 1만 시간의 법칙*이지. 호호호.

··

"1만 시간!"

은서가 입을 떡 벌리는 시늉을 하며 말했다.

"에이, 그 정도는 해야 전문가가 되지. 그래야 진짜 브랜드다운 퍼스널 브랜드가 될 수 있는 거고."

이서 씨가 힘을 내라는 듯 은서의 등을 툭툭 두드리며 웃었다.

"진정성과 가치를 증명하는 브랜드가 된다는 게 쉬운 일이 아니네요."

현서가 한숨을 폭 하고 내쉬었다. 그런 현서를 부드러운 눈길로 바라보며 이서 씨가 말했다.

"퍼스널 브랜딩은 꼭 남들이 인정해주고 성공한 브랜드가 되어

● 1만 시간의 법칙
1993년 미국 콜로라도 대학의 심리학자 앤더스 에릭슨(K. Anders Ericsson)이 발표한 논문에 등장한 개념으로 어떤 분야의 전문가가 되기 위해서는 최소한 1만 시간 정도의 훈련이 필요하다는 법칙이다. 1만 시간은 매일 3시간씩 훈련할 경우 약 10년, 하루 10시간씩 훈련할 경우 3년이 걸린다. 그는 세계적인 바이올린 연주자와 아마추어 연주자 사이의 차이는 대부분 연주 시간의 차이에서 비롯된 것이라고 주장했다.

야만 의미가 있는 게 아니야. 퍼스널 브랜딩의 진정한 목표는 바로 '나 자신'을 찾아가는 거지. 나 자신을 잘 알게 되고 나의 꿈이 뭔지 알게 되고 내가 행복해질 수 있는 방법을 찾아가는 것만큼 삶에서 중요한 건 없으니까 말이야."

"엄마……. 초 다 녹아요……."

얘기에 열중한 엄마와 현서 사이로 은서가 얼굴을 들이밀며 속삭였다. 초콜릿 케이크 위에 초를 다 켜놓았는데 아무도 신경을 쓰지 않는 눈치였던 것이다.

"아, 참! 미안, 미안."

"아이, 그래도 소원은 비셔야죠. 아빠는 전등 꺼주시고!"

조그맣게 흔들리는 촛불 구름이 어두운 거실 한가운데 둥실 떠올랐다. 그리고 그 주위로 네 식구의 얼굴이 차례로 모여들었다.

"호호호, 올해 엄마의 소원은 비밀이 아니야. 우리 트윈스가 건강하고 멋진 너희들만의 브랜드로 자라주는 것! 자, 그럼 이제 다 같이 촛불을 불어볼까? 하나, 둘, 셋!"

"후~!"

*유튜버 도티와 샌드박스 네트워크

2014년 유튜버 도티가 창업한 디지털 엔터테인먼트 '샌드박스 네트워크'는 10대가 가장 가고 싶어 하는 회사로 꼽힌다. 150여 팀의 크리에이터들이 소속되어 있어 구독자를 모두 합치면 무려 1,000만이 넘는다고. 유튜브 채널 〈도티TV〉의 구독자 수는 235만, 누적 조회 수는 20억에 이른다.

*드로우앤드류

LA에 있는 중소 문구회사에서 일을 하다가 어느 날 갑자기 해고 통보를 받은 것이 계기가 되어 본업인 그래픽 디자인 외에 '부캐'로 유튜브 채널을 시작, 현재 30만이 넘는 구독자를 보유하고 있다. 그 외로 집을 꾸미는 '마세숲my safe space(마이 세이프 스페이스)'이라는 '부캐' 채널을 개설해 6개월 만에 구독자 11만 명을 넘기기도 했다.

사진 및 자료 출처

029쪽 최초의 백화점 르 봉 마르셰(위키미디어)
https://commons.wikimedia.org/wiki/File:Le_Bon_March%C3%A9,_Paris_27_
May_2012.jpg

039쪽 티에리 에르메스(위키미디어)
https://commons.wikimedia.org/wiki/File:ThierryHerm%C3%A8s.jpg#/media/
File:ThierryHermès.jpg

040쪽 코코 샤넬(위키미디어)
https://commons.wikimedia.org/wiki/File:Chanel_looking_out_in_the_distance.jpg

041쪽 루이 뷔통(위키미디어)
https://commons.wikimedia.org/wiki/File:Portrait-Louis-Vuitton.jpg

105쪽 태평양 거대 쓰레기 섬의 폐그물을 회수 중인 대원(©The Ocean Cleanup)

135쪽 버섯 가죽으로 만든 재킷과 장갑(셔터스톡)

쇼호스트 엄마와 쌍둥이 자매의
브랜드 인문학
ⓒ 김미나, 2022

초판 1쇄 발행일 | 2022년 4월 20일
초판 2쇄 발행일 | 2022년 8월 25일

지은이 | 김미나
펴낸이 | 사태희
편집인 | 최민혜
디자인 | 권수정
마케팅 | 장민영
제작인 | 이승욱 이대성

펴낸곳 | (주)특별한서재
출판등록 | 제2018-000085호
주 소 | 04037 서울시 마포구 양화로 59, 화승리버스텔 703호
전 화 | 02-3273-7878
팩 스 | 0505-832-0042
e-mail | specialbooks@naver.com
ISBN | 979-11-6703-047-4 (44080)
　　　 979-11-88912-13-1 (세트)